KB235390

강한 회사로 키우는

강한 회사로 키우는
CEO의 경영노트

강한 회사로 키우는

CEO의 경영노트

|윤종훈 지음|

페이퍼로드
paperroad

프로경영자는 기업의 언어로 사고한다

여러분 회사는 창립한지 얼마나 되었나요?

KDI 조사결과(연구보고서 「혁신주도형 경제로의 전환에 있어서 중소기업의 역할」)에 따르면, 중소기업 중 10년 이상 생존한 기업은 13%에 불과합니다. 게다가 신설기업 중 50%는 3년 만에 문을 닫는다고 합니다. 회사를 차릴 때는 누구나 다 자신의 회사가 오랫동안 살아남아 소기업에서 중기업, 나아가 중견기업이나 대기업으로 성장하는 것을 꿈꿉니다. 이러한 꿈에 비하면 너무나 참혹한 현실입니다. 여러분의 회사는 얼마나 오랫동안 살아남을 수 있을까요?

사실 경영자들을 위해 만들어진 대부분의 책들은 획기적인 발상을 통해 단기간에 성공하는 기업으로 키우는 방법들을 설명하고 있습니다. 국내 재벌기업 CEO 나아가 세계적인 기업 CEO

의 경영기법 등을 소개하며 여러분도 그러한 CEO가 될 수 있으리라는 암시를 주기도 합니다. 이러한 책들에 비하면 살아남는 이야기나 하는 게 초라한 것은 사실입니다.

그러나 이 책은 미래의 꿈을 이야기하는데 목적이 있는 것이 아니라, 이 순간의 현실을 이야기 하는데 목적이 있습니다. 미래의 꿈은 화려할지 몰라도 현실은 냉혹합니다. 냉혹한 현실에서는 살아남는 것이 일차 목표입니다. 살아남아야 미래의 꿈도 꿀 수 있는 것이지요. 이런 말이 있습니다. '강한 것이 살아남는 게 아니라, 살아남는 게 강한 것이다.' 이러한 노래 가사도 있습니다. '사노라면 언젠가는 좋은 날도 오겠지.'

공격과 수비가 조화되어야 이긴다

축구를 예로 들죠. 어느 한 팀은 대부분의 선수들이 저마다 골을 넣으려고 하는 공격용 선수들로 구성되었습니다. 그래서 10골을 넣었습니다. 그런데 수비하는 선수가 별로 없어서 11골을 먹었습니다. 다른 한 팀은 반대로 대부분의 선수들이 수비용 선수들로 구성되었습니다. 그래서 한 골도 먹지 않았습니다. 그러다가 기회가 생겨 겨우 한 골을 넣었습니다. 앞의 팀은 졌고 뒤의 팀은 이겼습니다. 팀을 회사로 보고 넣은 골을 매출로 보면, 앞의 회사는 뒤의 회사 보다 외형이 10배가 더 큰 회사입니다. 그러나 이 회사는 '앞으로 남고 뒤로 밑지는' 전형적 회사로, 아무리 많은 돈이 들어오더라도 그 이상 새어나갑니다. 이러한 회사는 화려하지만 결국은 망합니다. 뒤의 회사는 외형은 작지만 들어온 돈은 절대로 섣불리 내보내지 않습니다. 작지만 강합니다. 그래서 살아남을 수 있습니다.

회사의 기능을 영업(돈을 회사로 끌어들이는 기능)과 관리(회사로 들어온 돈과 재산을 지키고 활용하는 기능)로 단순화시켜 구분할 경우, 영업은 공격이고 관리는 수비에 해당됩니다. 여러분은 혹시 답답하고 까다롭다는 이유로 관리부문을 외면하고 계시지 않습니까? 그렇다면 여러분은 영업이사이지 경영자가 아닙니다. 공격과 수비가 조화로워야 축구에서 이기듯이, 영업과 관리가 조화로워야 회사가 유지될 수 있다는 진리를 알고 있는 사람이 경영자입니다. 그러므로 진정한 경영자가 되려면 비록 골 넣듯이 신나는 일이 아니라 하더라도 관리업무를 챙겨야 합니다.

아마추어는 몸만 고단하다

동네축구 수비수를 보면 공만 죽어라 쫓아다닙니다. 그러나 공
한번 제대로 못 만지고 몸은 몸대로 지치고 골은 골대로 다 먹
고 맙니다. 프로축구 수비수들은 다르죠. 공이 오는 길목을 미
리 읽고 공간을 확보합니다. 그러다 보니 사람이 공을 쫓아가는
게 아니라 공이 사람에게 오는 것처럼 보여 '저 사람 참 편하게
축구하네!' 라는 감탄사가 절로 나옵니다.

관리업무 역시 마찬가지입니다. 경영자가 관리업무를 챙긴다
고 하여 온갖 서류 다 들춰보고 온갖 일에 다 참견해야 하는 것
은 아닙니다. 이해하기 쉽도록 여기서 전형적인 동네축구형 경
영자의 사례를 소재하지요.

"종업원이 80명 정도 되는 어느 중소기업 사장인 K씨는 돈에 관한 한 어느 누구도 믿지 못하는 성품이다. 그래서 회사의 모든 통장을 본인이 직접 관리하고 있으며 경비도 본인이 직접 지출한다. 부장이 몇 만원어치의 소모품을 사려고 해도 사장님에게 직접 돈을 타야 할 정도다. 제품 개발하랴, 거래처 사람들 만나랴, 현금출납까지 보랴, 대한민국에서 가장 바쁜 사장님이다. 그런데 이상한 것은 사장님이 직접 통장을 갖고 있으면서도 쓸데없이 새어나가는 돈은 다른 회사보다 더 많다는 점이다. 차입금에 대한 이자, 세금, 임차료 등은 납부기한까지 납부하지 않으면 가산세와 연체료로 인해 손해를 보게 된다. 사람의 능력에는 한계가 있는 법, 사장이 매월 그 납부기한을 다 기억하고 제때 지출하기에는 역부족이다. 그래서 매번 납부기한을 놓쳐 쓸데없이 무는 가산세와 연체료가 한두 푼이 아니다. 게다가 사장님이 워낙 돈을 풀지 않으니까 직원들은 소모품비와 기타 활동비를 마련하기 위해 온갖 변칙을 다 동원한다. 영수증의 금액불리기, 이중지출 등등, 사장님은 바쁘기만 했지 이러한 변칙을 제대로 파악할 능력은 없었다. 돈은 돈대로 새어나가면서 쓸데없이 바쁘고, 직원들은 사기가 떨어지고, 변칙이 활개치고…"."

프로축구형 경영자가 되려면 기업의 언어를 읽어라

회사 돈을 축구공에 비교하면, 동네축구형 경영자인 앞 사례의
K사장은 돈이 들어올 때부터 나갈 때까지 일일이 쫓아다닌 꼴
입니다. 그 결과 몸은 피곤하고, 직원한테 '밴댕이 사장'으로 찍
혀 인심은 인심대로 잃고, 돈은 돈대로 새어나가 회사 꼴이 말
이 아닙니다.

돈은 여러 가지 사유와 여러 가지 루트를 통해서 회사로 들어
오지만, 일단 회사에 들어오면 이합집산을 거쳐 몇 가지로 유형
화되어 장부에 기록되고 일정한 규칙에 따라 변신을 합니다. 따
라서 유형화된 틀과 변신의 규칙을 읽을 수 있다면 어렵지 않게
돈의 흐름을 파악할 수 있습니다. 예를 들어, 앞의 예에서 돈을
일일이 따라다니지 않더라도 매월 통장상 예금잔액(및 현금시재)

과 장부상 예금잔액(및 현금잔액)을 비교하여 차이나는 부분만 규명해도 돈을 통제하는데 큰 효과가 있습니다. 게다가, 매월 과목별 경비지출내역서를 출력하여 월별 증감 현황을 비교한다면 비정상적인 지출을 통제하는데 효과가 큽니다. 이러한 기법은 프로축구 수비수가 공의 길목을 읽는 것과 마찬가지 이치입니다. 돈의 길목을 읽기 위해서는 우선 기업의 언어를 이해해야 합니다.

영업사원이 거래처에 출장을 가는 경우, 경리부에서 출장비를 타서 쓰게 되고 이 사실은 회사의 현금출납부에 기록된 후, '여비교통비'라는 계정과목으로 분류되어 계정별원장과 재무제표를 비롯한 각종 회계장부에 기록됩니다. 따라서 관리자가 '여비교통비' 계정별원장을 본다면 영업사원의 그 날 행적을 알게 됩니다. 굳이 불러서 뭐했는지 물을 필요가 없습니다. 이처럼 회사직원의 업무활동에는 대부분 돈이 따르게 되고 이 돈의 흐름은 회계장부에 기록되므로, 회계장부를 보면 직원의 활동내역을 알 수 있습니다. 그러므로 회계정보는 기업의 언어라 할 수 있습니다.

아마추어에서 프로로 발전하는 것이 저절로 되는 일은 아닙니다. 프로축구형 경영자가 되려면 기업의 언어인 회계정보를 읽으려 노력하는 최소한도의 정성이 필요합니다.

편안하면서도 위엄있는 CEO가 되는 방법

바람직한 지도자와 바람직하지 못한 지도자의 모습을 이렇게 구분하는 이야기를 종종 들을 수 있습니다. 머리는 똑똑하지만 게으른 사람이 가장 바람직한 지도자이고, 똑똑하면서 부지런한 사람이 그 다음으로 바람직한 지도자이며, 머리가 나쁘면서 게으른 사람은 그래도 낫지만, 머리는 나쁜데 부지런한 사람이 가장 바람직하지 못한 지도자라고 합니다. 지도자가 아니라 단순한 일꾼이라면 머리가 똑똑하고 부지런한 사람이 가장 바람직하고 머리가 나쁘면서 게으른 사람이 가장 바람직하지 못할 것이지만 지도자라는 위치 때문에 색다르게 보는 것 같습니다.

똑똑하면서 게으른 사람은 조직의 전반적인 움직임은 꿰뚫고 있지만 일은 대개 아랫사람을 시키기 때문에 부하들의 능력을 계발하고 적극성을 심어주므로 가장 바람직한 지도자로 보는 것이 아닐까 추측해 봅니다. 게으르면서도 똑똑한 지도자는 편안한 느낌을 주면서도 위엄을 간직하는 타입입니다. 이는 대부분의 CEO가 바라는 모습이지만, 많은 직원들이 자신의 실적을 과시하거나 과오를 숨기기 위해 사실과 다르게 보고하는 일이 종종 발생하는 현실에서 이러한 모습을 갖추기는 쉽지 않습니다.

예를 들면, 영업담당자는 자신의 실적을 과시하기 위해 매출을 부풀리려는 경향이 있고, 생산담당자는 불량생산을 숨기기 위해 제조원가를 줄여서 보고하려는 경향이 있습니다. 이를 그대로 믿다가는 잘못된 판단을 내려 회사를 위기에 내몰 수도 있습니다. 그렇다고, 보고사항을 일일이 조사할 수도 없습니다. 그러면 어떻게 해야 할까요?

영업담당자가 보고하는 매출실적, 생산담당자가 보고하는 제조원가, 구매담당자가 보고하는 구매내역, 관리담당자가 보고하는 비용지출 내역 등은 모두 회계정보로 가공되어 재무제표에 나타납니다. 따라서 회계정보를 읽고 재무제표를 해석할 줄

안다면, 간부들의 보고사항을 일일이 의심하거나 감시하지 않
더라도 잘못된 보고를 걸러낼 수 있으며, 회사의 현황을 정확하
게 총체적으로 파악할 수 있습니다. 이러한 경영자에 대해 회사
간부들은 다음과 같이 말할 것입니다.

"우리 사장 말야, 매일 노는 것 같은데 어떻게 회사가 돌아가
는 사정을 그렇게 속속들이 잘 알지? 사장에게는 도저히 거짓말
을 못 하겠어. 정말로 무서운 사람이야!"

이는 지도자에 대한 최고의 찬사가 아닐까요?

재무제표를 경영에 응용할 수 있는, CEO를 위한 책

"요즈음 회계를 알기 쉽게 풀이한 책이 많더군요. 그런데 대개
'재무제표는 이러한 것이다'에서 끝나는 거예요. 사장인 내가

경리일을 직접 하려고 재무제표를 배우자는 게 아니잖아요? 그런 차원을 넘어서 중소기업 사장의 입장에서 재무제표를 통해 회사를 볼 수 있는 방법을 알기 위해서 보는 건데….”

어느 경영자에게 이러한 불만을 듣고 이 책을 쓰게 되었습니다. 그래서 이 책은 '재무제표는 이러한 것이다'에 그치지 않고, 재무제표를 경영에 어떻게 응용할 수 있는지에 대해 중점적으로 설명을 했습니다. 예를 들면 재무제표를 통해 자기 회사와 거래처의 실상을 어떻게 파악할 수 있는지, 재고나 매출채권을 효과적으로 관리하기 위해서는 재무제표의 어떤 측면을 보아야 하는지, 불황기의 판매단가는 어떻게 결정해야 하며 이를 매출 증대와 어떻게 연결할 수 있는지, 새어나가는 돈을 방지하기 위해서는 어떻게 해야 하는지, 그리고 우리 회사의 적정한 임금수준은 어떻게 책정할 수 있는지 등 재무제표의 활용법에 대해 많은 지면을 할애했습니다. 아무쪼록 이 책이 중소기업을 운영하는 사장님들께 도움이 될 수 있기를 바랍니다.

2007년 10월

윤종훈

| CONTENTS |

5 재고도 인건비도 적절하게 유지한다

회사의 실속을 파악해야 성공한다

여러분의 현재 재산상태는 어떠한가? 중산층이라면 아마 아파트 한 채에 승용차 한 대, 그리고 가구 및 가전제품, 약간의 저축을 들 수 있을 것이다. 그러나 똑같은 위치에 있는 것처럼 보이더라도 전부 자기 돈으로 마련한 사람과 빚을 내거나 외상으로 마련한 사람은 분명히 다르다. 회사도 마찬가지다. 우리회사, 또는 거래회사의 재정상태를 정확히 파악하려면 회사가 갖고 있는 자산뿐 아니라 부채도 동시에 파악해야 한다. 이렇게 회사의 재정상태를 올바로 파악하기 위해서는 자산과 부채 현황을 한눈에 알아볼 수 있는 표가 필요한데 이 표가 바로 대차대조표다.

회사에게 부채는 짐이다.

지치지 않고 여행을 오래 하려면 짐이 가벼워야 하듯이

회사가 오래 살아남으려면 부채가 적어야 한다.

어느 날 모회사의 경리이사한테서 급히 만나자는 연락이 왔다.

"이틀 후면 저희 회사가 부도가 날 판입니다. 그래서 지금부터라도 '재산보전신청' 준비를 해야 할 텐데 도와주십시오."

중소제조업체 중 적지 않은 회사가 부도가 나고는 있었지만, 막상 내가 아는 회사에서 부도가 난다고 하니 놀랄 수밖에 없었다.

"요즘 중소기업 중 어렵지 않는 회사가 어디 있습니까? 게다가 저희 회사에 자금난이 있다는 기미가 보이니까 사방에서 대출금을 회수하려고 하니 견딜 수가 있어야죠."

경리이사의 변명이 전혀 틀린 말은 아니었다. 그러나 3년 전 일을 생각하면 아쉬움이 남는다.

2003년, 그 회사는 사옥을 새로 마련했다. 본사이전 기념식에 초대를 받아 가서 보니 중소기업의 본사건물치고는 꽤 그럴듯했다. 사옥을 보는 순간, 앞으로 크게 성장할 것 같아 상당히 흐뭇했다. 그런데 경리이사가 술을 한잔 마시고 사옥을 마련하면서 겪은 고충을 이야기하는 것을 들으며 나는 왠지 불길한 예감에 사로잡혔다.

"저희 회사가 돈이 넘쳐나서 사옥을 마련한 줄 아십니까? 천만에요. 사옥을 마련하는 데 추가로 들어간 돈이라고는 고작 3억원 정도예요. 나머지는 전부 빚을 얻어서 자금을 돌린 거라고요. 은행, 보험회사 할 것 없이 금융기관마다 돌아다니면서 사옥을 등기이전함과 동시에 저당권을 설정하는 조건으로 돈을 미리 끌어당겨 중도금을 다 메운거죠. 돈 끌어대느라고 그 동안 얼마나 손바닥을 비벼댔는지 지문이 없어질 정도예요. 사장님이 제 공을 알까 모르겠네요."

빛으로 사업을 하는 건 옛말

경리이사의 말대로라면 20억원짜리 사옥을 마련함으로 인해 부채가 15억원 이상 늘었다는 말이 된다. 너무 무리한 것이 아닐까 하는 생각이 언뜻 들었다. 15억원 정도 부채가 늘어나면 추가로 부담되는 금융비용만 해도 연간 2억원이다. 게다가 원금상환까지 감안하면 자금부담이 엄청나게 가중될 텐데 말이다.

"사옥을 갖고 있으니 자금조달이 훨씬 수월합니다. 전에는 대출을 받으려면 직접 은행이나 보험회사 지점을 찾아다니며 구걸하다시피 했는데, 그럴듯한 사옥을 갖고 있으니 오히려 지점장들이 직접 찾아와 돈 좀 쓰라고 그러더군요. 여기에 온 손님 중 절반은 은행이나 보험회사 지점장들이에요. 별 볼일 없는 회사라고 생각했으면 이렇게 많이 왔겠습니까?"

나의 걱정이 우습다는 듯 경리이사가 던진 말이다. 자금조달이 수월하다고 해도 결국은 빚이 늘어나는 것 아닌가? 외상이라면 소도 잡아먹는다고 하더니, 이 회사가 그 꼴 아닌가. 그 뒤로 그 회사는 겉으로 보기에는 나날이 번창하는 것 같았다. 계열사도 두 개나 설립하고 연수원용 부동산도 구입했다. 그러나 이 모든 것이 스스로 벌어들인 돈으로 구입하고 설립한 것은 아니었다. 경리이사의 말대로 금융기관에서 돈을 잘 빌려주었기 때문에 가능했던 것이다. 빚으로 흥청망청 돈을 쓰는 사람이 결국 파산하고 말듯이 빚으로 자산을 늘리는 회사도 언젠가는 파산한다. 이 회사의 대차대조표를 읽을 줄 알던 사람은 그 파산의 조짐을 읽을 수 있었을 것이다. 왜냐하면 그동안 이 회사의 부채비율이 2배 넘게 증가했기 때문이다.

부채비율은 회사가 가진 자산 중 자기 돈으로 산 것이 얼마이며, 빚으로 산 것이 얼마인지를 나타내는 비율이다. 예를 들어 어느 회사가 보유한 자산이 총 10억원인데, 그 중 5억원은 빚을 얻어서 산 것이고 나머지 5억원은 회사의 자본으로 산 것이라면 부채비율은 100%가 된다. 그런데 이 회사가 10억원의 자산을 추가로 구입했는데 전부 빚을 얻어서 구입했다면 부채비율은 300%로 늘어난다.

결국 회사의 보유자산은 2배로 늘어났지만 속은 점점 썩어가고 있다는 것을 부채비율의 증가로 알 수 있는 것이다.

그 회사의 사장님은 넓은 인맥에 탁월한 영업능력을 지닌 분이었다. 그래서 매출은 나날이 신장할 수 있었지만, 회사의 내부를 들여다보는 능력은 전혀 없었다. 만약 사장님이 회사의 내부를 들여다볼 수 있는 능력을 가졌다면, 그래서 부채비율이 급격히 증가하는 데 대한 위험성을 인식했더라면 하는 안타까움이 남는다.

회사의 숫자를 읽을 줄 알아야 한다

'자기 돈으로 사업하는 사람이 어디에 있는가?', '빚을 잘 얻어오는 게 경영자의 능력이다', '대마불사大馬不死' 등등 비상식적인 이야기가 경영학원론으로 되어 있는 우리나라 기업풍토에서는 앞서 예를 든 회사의 경리이사처럼 기본원칙을 철저히 무시한다.

종종 우리나라 기업의 부채비율이 지나치게 높다는 자성의 소리가 나오기도 한다. 그러나 일부 경영자들은 원론적인 관점에서 보면 부채비율이 높은 것은 사실이지만 일본에 비하면 그렇게 위험한 수준은 아니라고 강변한다. 웃기는 얘기다. 그래서 지금 일본이 어떤 상황인가? 전과는 달리 요즘은 부채비율이 낮은 회사가 외국투자가한테 주목을 받고 있으며 주가 역시 강세를 보이고 있지 않은가?

기본기 없는 기교파 투수가 오래 가지 못하듯이 기본기 없는 변칙적인 경영자 역시 오래 가지 못한다. 여러분은 얼마나 기본기에 충실한가? '지피지기면 백전백승'이란 말은 승부의 세계뿐만 아니라 모든 경쟁사회에서 통하는 진리다.

여러분은 얼마나 여러분의 회사를 알고 있는가? 대차대조표를 통해 여러분 회사의 실속을 정확히 볼 수 있는가? 그리고 경쟁회사의 실속도 정확히 파악할 수 있는가?

친분이 있는 한 회계사가 어느 날 고민을 털어놓았다. 자신의 거래처를 감사한 결과 손실이 10억원 정도 났는데 사장님은 손실을 내면 안 된다고 펄펄 뛰더라는 것이다. 손실을 낼 경우 금융기관의 신용도가 낮아져 추가대출은 고사하고 기존의 대출마저 상환하려 들 것이기 때문이었다. 그러면 회사는 그대로 문을 닫을 수밖에 없는 딱한 사정이었지만, 그렇다고 해서 불법으로 가공의 이익을 만들어 줄 수는 없는 노릇이었다. 그는 다른 방법을 함께 찾아봐달라며 그 회사의 재무제표를 보여주었다.

당기순이익에 속지 말라

그 회사의 대차대조표를 살피던 중, 회사가 사장님 개인한테 빌린 부채가 무려 30억원 정도 있음을 발견했다. 그동안 회사의 자금이 딸릴 때마다 사장님 개인 돈으로 부족한 자금을 메웠는데, 이때 회사가 사장님에게 돈을 빌린 것으로 회계처리를 했던 것이다. 그래서 사장님이 회사에 빌려준 돈을 탕감하는 게 어떻겠냐고 제안했다. 회사의 채권자가 회사에 빌려준 돈을 받지 않겠다고 선언할 경우, 회사는 탕감된 액수를 '채무면제이익'이라는 계정과목으로 처리할 수 있기 때문에 회사의 이익이 그만큼 늘어나게 된다.

따라서 회사의 채권자인 사장님이 채권 중 11억원 정도를 탕감해주면 11억원의 채무면제이익이 발생하므로 손실 10억원이었던 것이 이익 1억원으로 바뀌게 되는 것이다. 게다가 이 방법은 회계처리기준에 따른 합법적인 방법으로 불법적인 분식결산이 아니기 때문에 법적으로도 떳떳한 것이었다. 그 결과 그 회계사와 회사의 사장님이 모두 만족할 수 있었다.

이제 숫자상으로 그 회사는 당기순이익이 기록되었다. 하지만 실제로 이익이 발생한 것은 아니었다. 일부 멍청한 금융기관과 외상 거래처는 당기순이익의 수치만 보고 그 회사의 경영상태가 양호한 것으로 판단하여 돈을 꿔주고 물건을 외상으로 주겠지만, 손익계산서를 읽을 줄 아는 사람은 그렇게 쉽게 넘어가지 않을 것이다. 손익계산서를 볼 줄 모르는 사람은 최후의 결과치인 당기순이익만 보지만, 손익계산서를 읽을 줄 아는 사람은 당기순이익을 산출하는 중간단계에 있는 각각의 이익의 개념을 알고 그에 따라 회사의 경영성과를 파악하기 때문이다.

진짜 이익과 가짜 이익

예를 들어보자. 뒷장에 나와 있는 갑과 을 두 회사의 손익계산서를 보면, 당기순이익이 모두 1천만원이다. 그렇다면 갑회사와 을회사는 똑같은 경영성과를 올렸다고 볼 수 있을까? 그렇지는 않다. 당기순이익이 똑같이 1천만원이지만 그 질이 다르기 때문이다.

경상이익은 회사의 경상적인 활동 결과 발생한 이익을 말하고, 특별이익은 말 그대로 비경상적이고 비반복적인 특별한 거래로 인해 발생한 이익을 말한다. 앞의 예에서 언급한 '채무면

손익계산서

	갑회사	을회사
1. 매출액	1억원	1억원
2. 매출원가	5천만원	6천만원
3. 매출총이익(1-2)	5천만원	4천만원
4. 판매비와 관리비	3천만원	5천만원
5. 영업이익(3-4)	2천만원	-1천만원
6. 영업외비용	1천만원	2천만원
7. 경상이익(5-6)	1천만원	-3천만원
8. 특별이익	0	4천만원
9. 당기순이익(7+8)	1천만원	1천만원

제이익'이 특별이익에 속하는데, 이 이외에도 특별이익의 대표적인 항목으로 부동산을 처분해서 발생한 이익, 즉 '고정자산처분이익'을 들 수 있다.

다시 찬찬히 손익계산서를 보자. 갑회사의 경상이익은 1천만원인 반면 을회사는 3천만원의 경상손실이 발생했다. 그러나 을회사는 부동산을 처분해서 4천만원의 특별이익이 발생했고, 그 결과 당기순이익이 1천만원이 되었음을 알 수 있다. 내년에도 비슷한 수준의 영업활동을 한다면 갑회사의 당기순이익은 여전히 1천만원이 되겠지만 을회사는 오히려 당기순손실 3천만원이 기록될 것이다. 왜냐하면 특별이익은 매년 발생하는 이익이 아니기 때문이다. 따라서 특별이익을 제외한 경상이익으로 두 회사를 비교해야 올바른 비교가 될 것이다.

앞에서 예로 든 회사의 경우, 특별이익에 속한 채무면제이익 11억원을 제외하면 경상손실이 10억원인데, 이것이 그 회사의 '진짜 이익'이며 당기순이익 1억원은 '가짜 이익'인 것이다.

경영실적을 제대로 평가해야 경영개선도 가능하다

이와 같이 손익계산서를 볼 줄 아는 사람은 회사의 진짜 이익과 가짜 이익을 구분할 줄도 안다. 사장의 입장에서도 진짜 이익과 가짜 이익을 통해 회사경영의 문제점을 파악할 수 있어야 한다.

갑회사와 을회사의 매출액은 같은데 매출총이익은 을회사가 1천만원 적다. 이는 을회사의 매출원가가 1천만원 더 높기 때문인데 도소매업일 경우 거래처나 구매담당자에게 문제가 있음을 알 수가 있다. 또한 판매비와 관리비에서 을회사는 갑회사보다 2천만원이 더 많아 영업이익의 차이가 3천만원으로 벌어졌다.

규모가 비슷한데 판매비와 관리비가 더 많다는 것은 영업 및 관리 담당 부서에서 지출하는 비용이 과다하다는 것을 뜻한다. 따라서 관련 부서의 인원을 조정하는 등의 조치로 비용을 줄여야 한다. 또한 영업외비용도 을회사는 갑회사보다 더 많다. 이는 자금관리에 문제가 있거나 재무구조가 취약함을 뜻한다.

이와 같이 손익계산서를 면밀히 분석할 수 있다면 회사의 진정한 경영성과와 경영활동상의 문제점을 알 수 있다. 손익계산서는 새로운 경영계획을 세우는 데도 좋은 참고자료로 활용될 수 있는 것이다.

'우리나라 굴지의 재벌그룹 회장이 앞으로 시장이자율만큼 수익을 올리지 못하는 사업분야는 과감히 철회하겠다는 새롭고 획기적인 경영방침을 밝혀 화제'

이는 외환위기 발생 직후에 난 기사이다. 경영학 교과서에 실린 당연한 내용을 이야기 한 것이 언론에 의해 '새롭고 획기적인 경영방침'으로 평가되고 있다. 외환위기 이전에 우리나라의 대기업들이 경영학의 기본을 무시하고 외형 키우기 위주의 주먹구구식 경영을 추구했음이 잘 드러나는 대목이다.

여기서 재벌그룹 회장이 언급한 경영방침은 '경영자본 대 영업이익률' 이라는 특정 분야의 사업성을 평가하는 기법으로 '경영자본 대 영업이익률' 이 적어도 정기예금이자율보다 높아야 투자가치가 있다는 것이다. 이는 그동안 교과서에 줄기차게 언급된 기본적인 기법에 불과하다. 기본적인 것이 획기적인 것으로 취급받았으니, 그 동안 우리가 얼마나 기본을 모르고 살았던 것인가? 이 기사는 우리나라에 외환위기가 도래한 이유를 역설적으로 잘 설명해주고 있다.

여러분은 과거의 경영성과를 판단하는 데 있어서, 그리고 미래의 사업성을 예측하는 데 있어서의 기본을 알고 있는가? 경영자본이 무엇인지, 영업이익이 무엇인지, 그리고 경영자본 대 영업이익률이 무엇인지 알고 있는가?

소기업은 그 동안 정부정책이나 경영학적 사례연구에서 자주 제외 되었다. 그러나 소기업일수록 오히려 좀더 과학적인 경영기업이 필요하다. 왜냐하면 주위의 환경변화에 대기업보다 민감하고, 대기업에 비해 경영상의 허점이 너무나 많기 때문이다. 그러면서도 본격적인 고찰을 할 기회는 많지 않았다. 그러므로

이제부터라도 과거의 관성을 과감히 벗어버리고 소기업 경영에

숫자와 과학을 도입해야 한다.

다음은 나사장씨가 갖고 있는 자산과 부채 현황이다.

자산현황	1억원짜리 아파트 1채, 할부로 산 1천만원짜리 승용차, 가전제품 5백만원, 가구 4백만원, 은행예금 1천만원, 현금 1백만원, 친구에게 꿔준 돈 3백만원 계 : 1억 3천 3백만원
부채현황	아파트를 사기 위해 은행에서 받은 융자금 3천만원, 승용차의 할부 미지급금 8백만원(즉, 이미 납부한 할부금은 2백만원임), 전자대리점의 외상대금 50만원, 신용카드로 현금서비스 받은 돈 1백만원, 친척에게 빌린 돈 1백만원 계 : 4천 50만원

아파트를 사기 위해 받은 융자금은 못 갚으면 아파트를 처분
해서라도 갚아야 하는 돈이고, 승용차 할부금을 못 갚으면 승용
차를 잃게 되고, 신용카드 현금서비스를 갚지 않으면 예금통장
에서 빠져나가게 된다. 따라서 나사장 씨가 갖고 있는 자산 총
액은 1억 3,300만원이지만 순수한 나사장 씨의 재산은 자산 총
액에서 부채 총액 4,050만원을 뺀 금액인 9,250만원이다. 나사
장 씨의 순수한 재산을 자본이라고 부르기로 하자. 아래의 표는
나사장 씨가 보유한 자산과 부채현황, 자본을 적어넣은 표인 대
차대조표이다. 자산은 오른쪽에 부채와 자본은 왼쪽에 기입되
어 있다.

자산(돈을 사용한 곳)		부채 및 자본(돈을 가져온 곳)	
현금	1백만원	은행융자금	3천만원
은행예금	1천만원	승용차 할부미지급금	8백만원
아파트	1억원	전자대리점 외상대금	5십만원
승용차	1천만원	신용카드 현금서비스	1백만원
가전제품	5백만원	친척으로부터 빌린 돈	1백만원
가구	4백만원		
친구에게 꿔준 돈	3백만원	자본	9천 2백 5십만원
합계	1억 3천 3백만원	합계	1억 3천 3백만원

자산을 마련하려면 자기 호주머니에서 꺼내든 남한테 빚을 얻든 간에 어디선가 돈을 갖고 와야 한다. 남한테 빚진 돈, 그래서 언젠가는 갚아야 할 돈은 부채이다. 할부 미지급금이나 외상대금은 순수하게 빌린 돈은 아니지만 물건구입과 관련해서 갚아야 할 돈이므로 부채에 해당한다. 반대로 원래 자기가 갖고 있었던 돈, 그래서 남에게 갚아야 할 필요가 없는 돈은 자본이다.

부채와 자본의 공통점은 돈의 출처를 나타낸다는 점이다. 즉, 자본은 자기의 호주머니에서 나온 돈이고 부채는 남의 호주머니에서 나온 돈이다. 따라서 부채와 자본을 기록한 대차대조표의 오른편은 돈을 가져온 곳이라고 표시했다.

한편 부채, 또는 자본으로 마련한 돈은 어딘가에 사용할 것이다. 부동산이나 승용차와 같은 물건을 사거나, 금융기관에 투자를 하거나 만약에 대비하여 보통예금, 또는 현금으로 보유하거나 할 것인데, 그 결과로 나타난 것이 자산이다. 따라서 자산을 기록한 대차대조표의 왼편을 돈을 사용한 곳이라고 표시했다.

이러한 설명을 통해 대차대조표는 돈이 오른쪽에서 흘러 들어와 왼쪽에 머무는 흐름을 나타내고 있다는 것을 알 수가 있을 것이다. 돈이 흘러들어온 곳은 자금의 출처이고, 돈이 머문 곳은 자금을 사용한 결과인데, 논리적으로 볼 때 이 둘의 합계는 항상 같아야 한다. 왜냐하면 아직 다 사용하지 않은 돈은 현금, 또는 예금으로 보유하고 있을 텐데, 이 역시 자산에 포함되기 때문이다. 회계용어로 대차대조표의 왼편을 차변이라고 하고 오른쪽을 대변이라고 하는데, 대변과 차변은 항상 같아야 한다. 이를 '대차평균의 원리'라고 한다.

적절한 부채는 사업의 기본

회사를 운영하는 것은 끝을 알 수 없는 기나긴 여행이라고 할 수 있다. 회사에게 부채는 짐이다. 지치지 않고 여행을 오래하려면 짐이 가벼워야 하듯이 회사가 오래 살아남으려면 부채가 적어야 한다.

따라서 그 회사가 얼마나 오래 존속할 수 있는지 평가하기 위해서는 부채비율을 봐야 한다.

대차대조표의 오른편은 회사가 자금을 어떻게 조달했는지 보여 준다. 부채는 다른 사람의 호주머니에서 가져온 자금으로, 언젠가는 그 사람에게 지불해야 한다. 반면 자본은 원래 자기

소유의 자금이기 때문에 다른 사람에게 지불할 필요가 없다. 따라서 부채 총액이 적을수록 회사의 자금부담도 줄어들어 부채비율이 낮은 회사가 튼튼한 회사라고 할 수 있는 것이다.

사옥마련 전			사옥마련 후		
자산 10억	부채 5억		자산 20억	부채 15억	
	자본 5억			자본 5억	

A회사가 사옥을 마련하기 전의 대차대조표는 왼쪽의 것이었다. 이때 부채비율은 100%이다. 부채비율이 100%면 우리나라 현실에서 매우 양호한 편이다. 그런데 새로 사옥을 마련하면서 필요한 돈 10억원을 5년간 균등분할상환하는 조건으로 전부 은행에서 빌렸다. 이 경우 자산과 부채가 동시에 10억씩 늘어나게 되므로 사옥마련 후 대차대조표는 오른쪽과 같이 될 것이다. 이때 부채비율은 300%가 된다. 무리하게 사옥을 마련하면서 부채비율이 갑자기 3배가 늘어난 것이다.

'3배'라는 숫자가 의미하는 것은 무엇인가?

부채가 10억원 늘어나면 추가로 부담되는 금융비용만 해도 연간 1억원이 넘을 것이다. 게다가 1년에 2억원씩 상환해야 하므로 추가로 필요한 돈이 적어도 연간 3억원이라는 결론이 된다. 결국 연간 3억원 이상의 이익을 발생시키지 못하면 이 회사는 서서히 쓰러져갈 수밖에 없는 것이다.

원론적으로 부채비율은 100%를 넘지 않아야 양호하다고 한다. 그러나 우리나라의 기업은 금융기관 차입금 의존비율이 상당히 높은 편이어서 평균 부채비율이 100%를 훨씬 웃돌고 있다. 예를 들어 2006년 외식업계 평균 부채비율은 무려 421.9%에 이른다. 그러므로 이런 현실에서 부채 비율이 200% 이하라면 양호한 것으로 평가된다.

동종업계의 평균 부채비율과 비교하거나 전년도 부채비율과 비교하는 것도 회사의 재무구조의 안정성을 평가하는 방법이 될 수 있다. 즉, 적어도 동종업계의 평균 부채비율보다 낮다면 나름대로 양호하며, 전년도에 비해 부채비율이 낮아졌다면 그나마 위험하지는 않다는 평가를 내릴 수 있는 것이다.

대차대조표로 회사의 비만도를 체크하라

회사의 경영자들은 누구나 다 투자한 금액을 하루라도 빨리 회수하기를 원한다. 이런 마음은 기업의 규모와 상관없이 어느 기업이나 똑같다. 그러나 떨어지는 감을 기다리기 위해 봄부터 감나무 밑에서 입을 벌리고 있을 수는 없다. 사업을 하거나 기업체를 이끄는 사람이라면 얼마나 빨리 투자금액이 회수되고 있는지 정확히 파악하고, 목표에 미달할 경우 원인을 밝혀 재빠르게 대응해야 한다. 이 때 투자금액의 회수가 얼마나 효율적으로 이루어지는지 파악하는 방법이 바로 경영자산회전율을 계산해 보는 것이다.

예를 들어 두 회사가 똑같이 1억원짜리 기계를 들여왔다고 하자. A회사는 장사가 잘 되어 기계를 하루 평균 10시간 가동하는 반면, B회사는 장사가 별로 안 되어 기계를 하루에 5시간밖에 가동하지 못 한다. 이럴 경우 기계에 투자한 돈을 회수하는 기간은 A회사가 B회사보다 2배 정도 빠를 것이다.

경영자산회전율이 큰 회사는 활동성이 매우 높은 회사로 투자금액을 회수하는 기간이 매우 짧다. 반면 경영자산회전율이 지나치게 작은 회사는 활동성이 매우 둔한 회사로서 비만에 걸린

회사라고 할 수 있다. 비만인 사람은 다이어트를 해야 하듯 경
영자산회전율이 낮은 회사는 당분간 자산에 대한 투자를 자제
해야 할 것이다.

아래 두 회사의 대차대조표를 비교해 보자. A회사의 부채비율은 100%이고, B회사의 부채비율은 400%이다. 따라서 부채비율면에서 보면 A회사가 B회사보다 훨씬 건강하다고 할 수 있다. 그러나 단기간의 지불능력면에서 보면 그렇지 않다.

A회사의 대차대조표

자산 10억	유동자산 2억	유동부채 4억	부채 5억
	고정자산 8억	고정부채 1억	
		자본 5억	

B회사의 대차대조표

자산 10억	유동자산 2억	유동부채 1억	부채 5억
	고정자산 8억	고정부채 4억	
		자본 5억	

유동자산은 결산일에서 1년 이내에 현금화할 수 있는 자산이고, 유동부채는 결산일에서 1년 이내에 갚아야 하는 부채이다. A회사의 대차대조표를 보면, 유동자산은 1억원인 반면 유동부채는 4억원이다. 즉, 1년 이내에 현금화할 수 있는 자산은 1억원에 불과한데 1년 이내에 갚아야 할 부채는 4억원이므로 1년 동안의 자금흐름에 3억원이 부족하다는 결론이다. 따라서 A회사는 부도를 내지 않으려면 이자율이 높은 사채라도 써서 이 부채를 막아야 하는 것이다. 한편 B회사의 대차대조표를 보면, 유동자산은 5억원인데 유동부채는 4억원이다. B회사는 1년 동안의 자금흐름에 오히려 1억원의 여유가 있는 셈이다. 결국 부채비율에서는 B회사가 A회사에 비해 뒤떨어지지만 단기간의 지불능력면에서는 오히려 B회사가 A회사보다 더 건강하다는 것을 알 수 있다.

왜 이런 현상이 나타날까? A회사가 ·지나치게 수익성 위주로 자금을 운용했기 때문이다. A회사와 B회사 모두 현금 5억원을 갖고 있다고 하자. A회사는 투자수익을 올리기 위해 이 중 4억원을 이자율이 높은 장기성예금에 저축하거나 부동산 등을 사 둔 반면 B회사는 안정적으로 자금을 확보하기 위해 투자수익을 올리지 못하는 것을 감수하고 5억원 모두 당좌예금이나 보통예금에 예치한 것이다.

여기서 우리는 자금은 운용하는 데 있어서 수익성과 자금흐름의 안정성을 적절히 조화시켜야 한다는 것을 알 수 있다. 지나치게 수익성만 고려할 경우 A회사처럼 부채비율이 낮은데도 단기간에 자금압박을 받을 수 있다. 반대로 자금흐름의 안정성만 고려한다면 수익성을 올리기 힘들다.

흔히 유동부채 이상으로 유동자산을 보유하는 것이 좋다고 한다. 이를 유동비율이라고 하는데 유동자산을 유동부채로 나누어 100을 곱해 구한다. 이론적으로는 유동비율이 100%가 넘어야 자금흐름에 문제가 없다. 유동자산이 유동부채 보다 더 크기 때문이다. 그러나 재고자산의 실제 처분가치가 대차대조표상의 재고자산 평가액에 못 미치는 경우가 많기 때문에 실무에서는 더 보수적으로 평가하는 경향이 있다. 명확한 기준이 있는 것은 아니지만 유동비율이 150%가 넘으면 안정성이 있는 것으로 평가된다. 그렇다고 유동비율이 300% 또는 400%가 된다면 수익성에 문제가 있기 때문에 너무 높아도 바람직하지 않다. 참고로 2006년 우리나라 전산업의 평균 유동비율은 123.6%이다.

보수적인 지불능력 평가법

한편 회사의 지불능력을 평가하는 데 있어서 좀더 보수적인 방법으로 당좌비율을 이용하는 경우가 있다. 유동자산은 크게 당좌자산과 재고자산으로 나뉘는데, 당좌자산은 현금화하는 속도면에서나 현금화 가능성면에서나 재고자산보다 우수하기 때문에 당좌자산을 기준으로 평가하기도 한다. 특히 재고자산이 과대평가되기 쉬운 품목을 취급하는 회사, 또는 재고자산이 부동산인 건설회사 등에서는 유동비율보다 당좌비율이 더 유용하게 쓰이기도 한다. 예를 들어 농·수·축산물이나 식료품을 취급하는 회사는 재고자산이 부패하기가 쉽다. 이미 부패해서 팔 수 없는 재고자산은 그때그때 장부에 반영해야 하는데, 그러지 못할 경우 대차대조표의 재고자산은 실제의 재고자산보다 과대평가 되게 마련이다. 또한 아파트 분양회사는 재고자산이 아파트인데, 부동산 경기가 좋지 않아 미분양 아파트가 많이 나오면 재고자산이라 하더라도 1년 이내에 현금화된다는 보장이 없다. 따라서 이럴 경우에는 당좌비율로 지불능력을 평가하는 것이 더 바람직하다.

현금으로 바꾸기 쉬운 자산인 당좌자산을 비교적 빠른 시일

내에 갚아야 하는 유동부채로 나누고 100을 곱한 값을 당좌비율이라고 한다. 당좌비율이란 여차할 경우 유동부채를 당좌자산으로 얼마나 갚을 수 있는지를 알아보는 수치라고 생각하면 된다. 당연히 당좌비율이 높은 회사, 즉, 당장 유동부채를 갚을 여력이 큰 회사가 더 유리한 위치에 있게 된다.

아래의 두 회사를 비교해 보면, 두 회사 모두 유동비율이 100%지만, A회사의 당좌비율은 20%이고 B회사의 당좌비율은 80%이다. 따라서 당좌비율면에서 보면 B회사의 지불능력이 월등하다. 당좌비율이 100%가 넘는다면, 당장 현금화할 수 있는 자산이 유동부채보다 크거나 같기 때문에 자금흐름에 안정성이 있다고 본다. 그렇다고 당좌비율 100%가 평가의 절대적인 기준은 아니다. 당좌비율이 100%에 못 미치더라도 동종 업계의 평

A회사

자산 10억	유동자산 5억	당좌자산 1억	유동부채 5억	부채 6억
		재고자산 4억	고정부채 1억	
	고정자산 5억		자본 4억	

B회사

자산 10억	유동자산 5억	당좌자산 4억	유동부채 5억	부채 6억
		재고자산 1억	고정부채 1억	
	고정자산 5억		자본 4억	

균 보다 높으면 양호하다고 평가할 수 있다. 참고로 2006년 우
리나라 전산업의 평균 당좌비율은 95.38%이다.

고정자산의
투자로도
수익을 올린다

고정자산은 자금운용을 고려해서 투자한다

고정자산은 현금화하는 데 1년 이상 걸리는 자산이다. 그 중에서도 유형자산인 부동산과 기계설비 등은 투자한 금액을 회수하는 데 상당한 기간이 걸린다. 따라서 유형자산을 구입하는 자금은 급하게 변제할 필요가 없는 자금이어야 한다.

예를 들어 1억원짜리 기계를 구입할 경우 적어도 4~5년 동안은 열심히 가동해야 투자한 돈을 다 회수할 수 있을 것이다. 그런데 기계구입에 필요한 자금 1억원을 1년 이내에 갚아야 하는 단기차입금으로 조달한다면 회사는 자금압박을 받게 된다. 만약 이 기계를 5년 동안 가동해야 투자액을 회수할 수 있다면 5년간 분할상환하는 조건으로 자금을 조달해야 자금운용에 무리가 없을 것이다.

한편 자기자본은 자기가 소유한 돈이므로 다른 사람에게 변제할 필요가 없는 자금이다. 또한 고정부채는 상환기간이 장기간인 부채이다. 따라서 고정자산에 투자하는 자금은 자기자본과 고정부채로 조달하는 것이 바람직할 것이다.

자금운용 기법을 평가하는 비율로 고정장기적합률이 있다. 이 비율은 고정자산이 자기자본 합계와 고정부채 합계액의 몇 퍼센트인지를 나타내는 비율로 자기자본과 고정부채의 합계액에 비해 고정자산이 많을수록 고정장기적합률이 높아진다. 일반적으로 고정장기적합률은 100% 이하가 양호하다고 평가된다.

고정자산의 종류에 따른 투자의 성격을 이해한다

고정자산은 장래를 바라보고 하는 투자이다. 그런데 투자란 어떤 결과를 바라고

하느냐에 따라 성격이 달라진다. 따라서 고정자산에 투자할 때
는 성격을 명확히 이해하고 투자해야 한다.

고정자산 가운데서도 투자자산은 현금화의 속도, 즉 유동성이
좋은 자산이다. 그래서 고정자산 중 가장 앞에 기록된다. 회사
는 1년 단위로 자금계획을 세워 당기의 운영자금에 투입할 돈은
당좌예금이나 보통예금에 예입시키고, 여유자금은 이자율이 높
은 정기예금이나 정기적금 등에 예금한다. 전자의 당좌예금과
보통예금은 당좌자산에 해당되고 후자의 정기예금과 정기적금
이 투자자산에 해당된다.

한편 다른 회사를 지배할 목적으로 구입한 주식과 만기일이 1
년 이상 남아 있는 국공채와 사채 등은 투자유가증권에 해당된
다. 즉, 당좌자산의 유가증권은 1년 이내에 팔려는 유가증권이
고, 투자유가증권은 투자목적으로 1년 이상 보유할 유가증권,
또는 타회사를 지배할 목적으로 보유하는 유가증권이라는 점에
서 다르다. 투자자산 중에 가장 한국적인 것은 소위 '꺾기'에 의
한 예금이다. '꺾기'란 금융기관이 기업에 돈을 빌려주면서 장
기금융상품에 가입할 것을 요구하고 그 예금을 회사에서 함부
로 인출하지 못하도록 질권을 설정하는 것을 말한다. 이때, 기

업에서는 이 돈을 마음대로 쓸수 없으므로 고정자산 중 투자자
산으로 분류한다.

고정자산 중 현대 기업사회에서 점차 비중이 높아지고 있는
것이 무형자산이다. 개발비 등이 무형자산인데, 연구의 성과에
따라 몇 년 후의 기업 운명이 확실히 달라질 수 있다. 정보화 사
회를 앞서 나가는 분야나 소비자의 기호가 빠르게 변하고 있는
분야 등은 특히 연구개발에 인색해서는 안 된다.

코카콜라나 맥도날드는 상표 그 자체의 가치만으로 한국의 주
식을 싹쓸이할 수도 있다. 이런 것이 무형자산이다. 무형자산의
가치가 가장 잘 드러나는 경우는 인수합병(M&A)를 할 때다. 회
사를 인수하거나 합병할 때 인수(합병) 대상 회사의 실제 자산가
치보다 더 많은 돈을 지불할 경우가 많은데 이때 더 지불되는
금액이 무형자산의 가치에 대한 대가라고 보면 된다. 인수(합병)
대상 회사가 갖고 있는 보이지 않는 노하우와 판매망, 인지도
등에 대한 가치가 포함되어 있는 것이다. 이렇게 보이지는 않지
만 기업의 무형자산을 키우기 위해서는 기업의 끊임없는 노력
이 필요하다.

유형자산은 우리가 고정자산이라는 말을 들을 때 가장 잘 떠

올릴 수 있는 자산이다. 그러나 유의할 점은 유형자산의 가치는 매년 떨어진다는 것이다. 예를 들어 1천만원짜리 승용차를 한 대 샀을 때 이 승용차를 사용할 수 있는 기간이 5년이라고 하면 매년 승용차의 가치는 떨어진다. 5년 후면 0원이 될 것이다. 그러므로 유형자산을 갖고 있을 때는 매년 떨어진 가치만큼 충당금을 만들어 놓지 않으면 결국 빈털터리가 되고 만다. 즉, 유형자산에 대한 투자는 유형자산의 가치가 떨어지는 속도 이상으로 수익을 올릴 수 있어야 효과적인 투자가 되는 셈이다.

우리 회사는 정말 이익을 내고 있는가?

손익계산서는 단지 이익의 크기만 나타내는 표가 아니다. 그 안에는 여러 가지 정보가 들어 있어 이를 제대로 읽을 경우, 과거 경영성과의 문제점을 파악할 수 있으며, 새로운 대책을 마련할 수도 있다. 예를 들어 회사의 매출이익은 양호한데 영업이익이 좋지 못하다면 관리부서와 영업부서에 문제가 있음을 알 수 있다. 매출이익 자체가 좋지 못하다면 도매업의 경우 거래처나 구매담당자에게 문제가 있는 것이며, 제조업의 경우 생산담당자나 구매담당자에게 문제가 있음을 알 수 있다. 또한, 영업이익까지는 좋은데 경상이익이 좋지 못하다면 자금운영이나 재무구조에 문제가 있음을 알 수 있다.

장사고 사업이고, 끊임없이 돈이 오가는 일이다.

현금흐름표는 손익계산서만 믿고 지출하다 현금 부족에 시달리는

사장들이 꼭 챙겨야 할 체크포인트다.

회사의 수익성은 대부분 이익이 얼마나 많이 발생했는지로 판단한다. 그러나 단순히 당기순이익만 보고 회사의 수익성을 판단하는 것은 위험한 일일 수도 있다. 왜냐하면 이익에도 질이 있기 때문이다.

몇 년 전 필자가 모상장기업의 회계감사를 할 때의 일이다. 당시 그 회사의 손익계산서를 보니 당기순이익이 500억원 정도 계상되어 있었다. 그런데 경상이익란을 보니 오히려 손실이 500억원 계상된 것이다. 경상손실이 500억원인데 당기순이익이 500억원이라면 특별이익이 1,000억원 계상되었다는 결론이다. 아니나 다를까 특별이익 중 고정자산처분이익이 1,000억원 계상되었다(현재는 기업회계기준이 개정되어 고정자산처분이익이 영업외수익에 포함됨). 고정자산처분이익 1,000억원은 회사가 보유한 토지를 매각해서 발생한 것인데, 매매계약서를 보니 양도일이 12월 30일로 기재되었다. 정상적인 경영활동에서 손실이 발생해서 억지로 이익을 내기 위해 부랴부랴 부동산을 처분한 흔적이 엿보였다. 상장회사의 경우 당기순손실이 발생하면 주가가 떨어지는데다 금융기관에서 자금을 차입하기 곤란하기 때문에 마지못해 쓴 고육지책인 것이다.

이번에는 비상장회사인 중소기업의 경우이다. 이 회사는 자금이 부족할 때마다 회사가 대표이사의 개인 돈을 차입하는 형식으로 메워왔다. 대표이사의 개인 돈이 들어올 때마다 단기차입금으로 처리했기 때문에 단기차입금 잔액이 수십억원에 이르렀다. 그러던 중 불경기를 맞아 매출이 급격히 줄어들자 엄청난 손실이 발생했다. 이에 회사에서는 손실을 줄이기 위해 대표이사 개인이 회사에 갖고 있는 채권(즉, 회사의 입장에서는 단기차입금)을 일부분 포기한다는 약정서를 써주고, 그 금액을 채무면제이익으로 처리했다. 따라서 엄청난 경상손실이 발생했는데도 특별이익인 채무면제이익으로 인하여 당기순이익이 발생하게 되었다.

위의 예에서 본 두 회사의 경우 당기순이익은 수익성을 평가하는 데 있어서 그다지 큰 의미가 없다. 오히려 경상이익, 또는 영업이익을 통한 수익성 평가가 더 적절하다. 손익계산서는 단지 이익의 크기만 나타내는 표가 아니다. 그 안에는 여러 가지 정보가 들어 있어 이를 제대로 읽을 경우, 과거 경영성과의 문제점을 파악할 수 있으며, 새로운 대책을 마련할 수도 있다.

예를 들어 회사의 매출이익은 양호한데 영업이익이 좋지 못하다면 관리부서와 영업부서에 문제가 있음을 알 수 있다. 매출이익 자체가 좋지 못하다면 도매업의 경우 거래처나 구매담당자에게 문제가 있는 것이며, 제조업의 경우 생산담당자나 구매담당자에게 문제가 있음을 알 수 있다. 또한, 영업이익까지는 좋은데 경상이익이 좋지 못하다면 자금운영이나 재무구조에 문제가 있음을 알 수 있다. 결국 회사의 수익성을 평가하는 데 있어서 이익이 났는지는 이익금액의 크기만 보고 판단할 것이 아니라 이익의 질도 보아야 한다는 결론을 내릴 수 있다고 하겠다.

사장이 꼭 알아야 할
제품경쟁력
판단법

'우리 회사가 취급하는 제품은 경쟁력이 있는가?' 이런 의문은 사장이라면 누구나 갖고 있는 의문이다. 이 의문에 대한 답을 가장 쉽게 구하는 방법이 있다. 바로 '매출 대 매출총이익률'을 구하는 것인데 이는 매출총이익을 매출액으로 나눈 후 100을 곱하면 된다.

도소매업의 경우, 매출 대 매출총이익률은 회사가 취급하는 품목 자체의 경쟁력을 나타낸다. 예를 들어 A기업의 매출총이익률은 10%인데, B기업의 매출총이익률은 20%라면 B기업이 취급하는 품목이 A기업의 품목보다 경쟁력이 있다고 평가할 수 있다.

또한 작년의 매출총이익률은 20%였는데 올해의 매출총이익률은 10%라고 하면 시간이 갈수록 취급품목의 경쟁력이 약화된다는 것을 뜻한다. 따라서 동종업계의 평균적인 매출총이익률보다 현저히 떨어지거나, 해마다 매출총이익률이 하락할 경우에는 취급품목을 교체하거나 제품개선을 고려해봐야 한다.

그러나 박리다매를 통해 경쟁력을 확보한 회사의 경우에는 매출총이익률만 갖고 평가할 수는 없다. A기업의 매출총이익률은 10%이고 B기업의 매출총이익률은 15%이지만, A기업의 매출액이 B기업의 2배가 된다면 A기업의 품목이 경쟁력이 없다고 속단을 할 수는 없는 것이다. 왜냐하면 이 경우 매출총이익 자체는 A기업이 B기업보다 많을 것이므로 판매시설에 투자한 금액이 비슷할 경우 오히려 A기업이 더 경쟁력이 있다고 평가할 수 있기 때문이다. 따라서 품목 자체가 박리다매의 장점을 갖고 있는 품목은 매출총이익과 판매시설에 투자한 금액에 대한 비율을 더불어 고려해야 한다.

한편, 제조업의 경우 매출총이익률은 제조원가에 의해서도 영향을 받기 때문에 단지 품목 자체의 경쟁력을 나타낸다고 볼 수는 없다. 왜냐하면 가격경쟁력은 뒤떨어지지 않지만 생산과정의 결함으로 제조원가가 올라간다면 역시 매출총이익률이 낮아지는 결과가 나오기 때문이다. 따라서 매출총이익률이 동종업계의 평균치보다 현저히 떨어지거나 매년 떨어질 경우에는 생산과정상의 결함이 있는지를 판단한 후 품목 자체의 경쟁력을 평가하는 것이 올바른 방법이 될 것이다.

이번에는 사장의 능력을 대변하는 경영성과를 판단해 보자. 경영의 성공 여부를 판단하는 데 가장 효과적인 지표는 영업이익률이다.

영업이익은 매출총이익에서 판매비와 관리비를 차감한 금액이다. 따라서 모든 기업이 차입금이 없거나 차입금 규모가 같다고 가정할 경우, 회사의 경영성과를 가장 정확하게 나타내는 이익이라고 할 수 있다. 왜냐하면 영업이익은 금융거래 및 기타 비경상적인 거래에서 발생한 이익과 손실을 제외하고 회사를 경영하는 데 필수적으로 발생하는 비용만을 고려하여 산출한 이익이라 할 수 있기 때문이다.

경영자산은 현재 경영활동에 직접 사용되고 있는 자산의 합계를 뜻한다. 따라서 영업이익을 경영자산으로 나누어 100을 곱한 경영자산 대 영업이익률은 사업용 자산으로 올리고 있는 수익성을 가장 잘 나타내는 지표인 것이다.

일반적으로 경영자산 대 영업이익률이 일반 정기예금이자율보다 높아야 양호하다고 평가된다. 왜냐하면 경영자산 대 영업이익률이 정기예금이자율보다 낮다면 사업자금을 금융기관에서 차입할 경우 금융비용이 영업이익을 초과하여 경상손실이 발생하기 때문이다. 또한 사업자금을 전액 자기자본으로 조달한다 해도 경영자산 대 영업이익률이 정기예금이자율보다 낮은 사업부문에 투자하느니 그냥 은행에 예치하는 것이 더 수익성이 좋다는 결론이 나온다. 따라서 경영자산 대 영업이익률은 특정 사업부문에 진출할 것인가, 또는 이미 진출한 사업부문을 확장할 것인가, 아니면 그냥 유지할 것인가, 퇴출할 것인가 여부를 결정하는 데 중요한 지표가 된다.

영업이익을 매출액으로 나누어 100을 곱한 매출 대 영업이익률은 매출액과 대비한 영업효율성을 나타내는 지표이다. 예를 들어 매출액 대 매출총이익률은 동종업계 평균치에 비해 그다지 나쁘지 않은데, 매출액 대 영업이익률이 평균치보다 현저히 낮거나 매년 낮아진다면 매출액에 비해 판매비나 관리비에 너무 많은 돈이 지출되고 있다는 결론을 도출할 수 있다. 따라서 이 경우 영업부서와 관리부서에 관련된 비용을 줄이도록 노력해야 된다.

한편 매출액 대 영업이익률과 반대되는 개념으로 매출액 대 판매관리비율을 들 수 있다. 판매비와 관리비를 더한 값을 매출액으로 나누어 100을 곱한 것이다. 이 비율이 현저히 높거나 매년 높아질 경우는 매출액을 유지하기 위해 들이는 관리비가 너무 많다는 뜻이니 영업부서와 관리부서에 관련된 비용을 줄이도록 노력해야 한다.

판매비와 관리비 계산

그렇다면 판매비와 관리비에는 어떤 비용이 포함되는가? 사장이라면 이 정도는 정확히 알고 있어야 회사의 경영성과를 판단하고 각 부서를 관리할 수 있다.

　기업의 경영활동은 크게 제조, 판매, 관리로 나눌 수 있다. 제조과정에서 투입된 원가는 제조원가이고, 영업부서의 판매활동에 들어간 비용은 판매비, 그리고 경리부, 총무부 등 관리부서의 활동에 들어간 비용은 관리비이다. 제조원가는 매출총이익을 계산할 때 매출원가에 포함되어 있으므로 판매비와 관리비만 뽑아내면 기업의 정상적인 영업활동에 의하여 벌어들인 영업이익을 계산할 수 있을 것이다. 판매비와 관리비 중 중요한 항목 몇 가지만 보도록 하자.

　퇴직급여 : 매년말 회사의 전 직원이 퇴직할 경우 지급해야 할 퇴직금 총액을 퇴직급여충당금으로 설정해야 한다. 이때 설정해야 할 퇴직급여충당금의 부족액을 보충하기 위한 비용이 퇴직급여이다. 예를 들어 2007년 12월 31일 현재 전 직원이 퇴직할 경우 지급해야 할 퇴직금이 10억원이라고 하자. 그렇다면 2007년말 퇴직급여충당금은 10억원이어야 한다. 그런데 2007년 12월 31일에 남아 있는 퇴직급여충당금이 불과 5억원이라면 5억원을 추가로 설정해야 한다. 이때 부족분 5억원을 추가로 설정하기 위해서는 퇴직급여 5억원을 비용으로 계상해야 하는 것이다.

복리후생비 : 복리후생비는 직원의 복리후생을 위해 지출되는 비용으로 사업자 부담의 의료보험료, 체육시설 등의 구입비와 유지비, 사내식당 운영비, 실비식사대, 회식비, 각종 친목회 보조비 및 체육대회 운영비, 사업자 부담의 국민연금, 경조비 등을 들 수 있다.

감가상각비 : 고정자산을 구입할 경우 구입한 연도에 구입가액 전액을 비용으로 계상하지 않고, 당해 고정자산의 내용연수(사용기간) 동안에 일정액을 감가상각비로 하여 비용으로 계상하는 것이다. 에를 들어 상품배달용 차량을 1천만원에 구입했는데 5년간 사용할 수 있다고 하자. 그 차량이 매출을 올리는 데 매년 똑같이 공헌한다면 매년 2백만원을 비용으로 계상하는 것이 합리적일 것이다. 이와 같이 취득가액 1천만원 전부를 취득연도에 비용으로 계상하지 않고 사용기간에 골고루 비용으로 계상하기 위해 처리하는 항목이 감가상각비인 것이다. 여기서는 2백만원이 감가상각비이고 5년이 내용연수이다.

접대비 : 회사의 업무와 관련하여 거래처에게 접대, 향응을 위해 지출하는 비용을 말한다.

경상개발비 : 회사가 연구개발을 위해 지출한 비용 중 일상적

인 것으로 무형자산으로 분류되지 않는 것이다. 연구개발을 위한 지출은 두 가지로 구분할 수 있다. 첫째는 연구소의 운영비 등과 같이 항상 발생하는 것이고, 둘째는 특정 제품의 개발, 또는 특정 프로젝트의 수행과 같이 특별히 발생하는 것이다. 전자는 경상개발비로 전액 당해 년도의 비용으로 계상되는데, 후자는 무형자산으로 되었다가 일정기간 동안 개발비상각이란 항목으로 비용처리된다.

연구비 : 제품의 제조와 직접 관련이 없는 연구활동에 관련된 비용을 말한다.

대손상각비 : 상품이나 제품을 외상으로 팔았다면 외상매출금이라는 자산이 생기고, 어음을 받고 팔았다면 받을어음이라는 자산이 생긴다. 외상매출금과 받을어음을 매출채권이라고 한다. 외상매출금과 받을어음은 일정 기간이 지나면 현금으로 들어오지만 100% 전부 받을 수 있는 것은 아니다. 예를 들어 거래처가 파산하거나 부도를 낼 경우에는 매출채권을 회수하기 곤란해진다. 이럴 경우에 대비하여 매출채권의 일정 비율만큼은 대손충당금으로 설정한다. 즉 외상매출금이 10억원이고 대손충당금이 1천만원이라면 10억원 중 1천만원은 과거의 경험에 비

추어 떼어먹힐 가능성이 많다는 뜻이다. 이 대손충당금을 설정할 때에 대손상각비라는 비용이 생긴다.

예를 들어 받을어음 20억원 중 1억원은 부도가 날 가능성이 많아 대손충당금을 설정해야 한다고 치자. 그런데 연말에 받을어음의 대손충당금 잔액이 불과 5천만원밖에 남지 않았다면 5천만원의 대손충당금을 추가로 설정해야 할 것이다. 이때 5천만원의 대손상각비가 발생하게 된다.

여기까지 설명한 판매비와 관리비 항목은 다른 여러 가지 항목보다 상대적으로 더 중요한 수치이니 기본적으로 알아두고 적절히 관리하는 것이 좋다.

영업부서와 관리부서에 관련된 비용을 줄이기 위해서는 판매비와 관리비를 통제가능한 비용과 통제불가능한 비용으로 나누고 통제가능한 비용에 집중적인 관심을 가져야 한다.

통제불가능한 비용은 단기간의 노력으로 비용절감의 효과를 얻기 곤란한 비용으로 고정자산에 대한 감가상각비, 임차료, 보험료, 세금과공과, 리스료, 기타 고정적으로 지출되는 관리비, 또는 수수료 등이 대표적이다. 나머지 통제가능한 비용에 대해서는 성격에 따라 별도로 비용절감 대책을 세워야 하는데, 예를 들면 다음과 같은 대책이 있을 수 있다.

인건비 : 특히 관리부서의 인건비에 신경을 써야 한다. 생산부서는 1인당 기계 한 대, 또는 기계 한 대당 몇 명이라는 식으로 배치하면 되고, 영업부서는 1인당 매출액으로 과잉인력 여부를 판단할 수 있다. 하지만 관리부서는 업무성격상 반드시 필요한 일인지 아닌지, 또는 혼자서 할 수 있는 일인지 아닌지 명백히 구분하기 어려운 경우가 많다. 그래서 일반적으로 관리부서는 과잉인력일 가능성이 많다.

필자가 어느 제조업체를 감사할 때의 일이다.

"솔직히 말해서 관리부서의 간부들은 일을 아끼고 있습니다. 바짝 당겨서 사면 2~3시간이면 끝나는 일을 가지고 8시간을 버텨야 하니 말입니다."

당시 그 회사 간부가 한 말이다. 그 회사는 생산직 사원과 관리직 사원의 비율이 3대1이었다. 즉 생산직 사원 3명당 관리직 사원이 1명인 셈이다. 당시 같은 업종의 경우 일본에서는 10대1이었다. 그러니 경쟁력이 떨어질 수밖에 없다.

관리직 사원의 과잉 여부를 판단하는 가장 기본적이고 간단한 방법이 있다. 제조업체의 경우는 생산직 사원 대 관리직 사원의 비율(또는 생산직 사원의 인건비 대 관리직 사원의 인건비)을 구하는 것이고, 도소매업체의 경우는 영업사원대 관리직 사원의 비율 (또는 영업사원 인건비 대 관리직 사원 인건비)을 구하는 것이다. 이 비율이 너무 높다고 판단되면 관리직 사원을 줄일 필요가 있다. 한편 영업부 사원의 인건비가 과다하다고 판단되면 1인당 판매 실적이 떨어지는 영업사원을 우선순위로 정리하거나 철저한 성과급제를 도입하면 될 것이다.

복리후생비 : 복리후생비 중 사원에 대한 국민연금이나 의료보험료는 통제불가능하지만 나머지는 통제가능한 부분이다. 이 중 대다수는 사원에 대한 식대나 회식비, 경조비 등이다. 대부분은 제대로 된 지출기준이 없어 생긴 일이니 상황에 맞추어 그 지출기준을 낮추면 될 것이다.

접대비 : 접대비는 주로 영업부에서 지출한다.

"총알 없이 어떻게 전쟁을 하라는 건가?"

접대비를 줄이려고 하면 대개 영업부 직원은 이렇게 불만을 털어놓는다. 이럴 때는 전월의 1인당 매출액을 기준으로 영업사원 각각에 대하여 접대비 한도액을 정한다면 위와 같은 불만을 듣지 않고도 필요 없는 지출을 줄일 수 있다. 예를 들어 1인당 매출액의 2%를 접대비 한도액으로 정했을 경우, 홍길동이 전월에 1천만원의 매출을 올렸다면 이 달에 20만원까지 접대비를 지출할 수 있도록 허용하는 것이다.

기타비용 : 미리 예산을 짜두는 것이 좋다. 예산은 전월의 지출액을 기준으로 짜면 된다. 예를 들어 전년도 소모품비가 1백만원이었다면 20% 절감을 목표로 올해는 80만원만 지출하도록 하는 것이다. 이 경우 사원들은 예산 범위 내에서 지출하도록 노력하기 때문에 상당한 비용절감 효과를 가져오게 된다.

'올해는 이익이 많이 났으니 여유를 부려도 되겠지' 라고 생각했다가는 낭패를 보기 쉽다. 왜냐하면 손익계산서에 이익이 많이 났다고 해서 반드시 현금이 많이 들어왔음을 의미하지는 않기 때문이다.

예를 들어 이 달의 매출액이 1천만원이고 매출원가를 포함한 비용은 7백만원이라고 하면 이익은 3백만원이다. 그런데 매출은 모두 외상이고 비용은 모두 현금으로 지출했다면 현금흐름에서는 오히려 7백만원이 부족한 셈이다. 3백만원의 이익만 생각하고 현금을 함부로 지출했다가는 어떤 결과가 초래될지 뻔한 일이다. 그래서 별도로 현금흐름표를 만들어 현금흐름에 있어서 구멍이 생기지 않도록 대비를 해야 한다.

현금흐름표는 월초와 월말에 두 번 작성하는데, 월초에는 예상액을 뽑아 예상란에 기재하고 월말에는 그 결과치를 실제란에 기재한다. 예상액과 실제발생액의 차이를 구한 후, 불리한 차이에 대하여 그 원인을 규명한다면 경비를 절감할 수 있는 부수적인 효과를 얻을 수도 있다.

손익계산서의 이익과 현금흐름이 다른 이유

박달재 씨는 조그만 구멍가게를 운영하고 있는데, 지난 1년간 현금수지 내역은 다음 페이지의 표와 같다. 표에 따르면 현금지출에 비해 현금수입이 3백만원 더 많아 현금이 3백만원 증가했음을 알 수 있다.

그렇다면 이 가게의 지난해 이익은 3백만원인가? 그렇지는 않다. 여기서 이 가게의 손익계산서를 만들어 정리해 보자(상품재고는 없는 것으로 가정한다).

현금수지 내역

현금수입		현금지출	
현금매출액(외상매출 2천만원 제외)	1억원	현금상품구입액(외상매입액 1천만원 제외)	7천만원
지난 해 외상대금 수금액	1천만원	지난 해 외상대금 지급액	2천만원
친척에게 빌린 돈	5백만원	임차료 및 관리비 지급액	1천만원
은행에서 빌린 돈	5백만원	승용차 구입액(내용연수 5년)	1천만원
승용차를 판 돈	8백만원	친구에게 빌려준 돈	5백만원
(취득가액 1천만원, 감가상각충당금누계액)		주식투자액	3백만원
은행예금이자	1백만원	대출금이자	2백만원
합계	1억 2천 3백만원	합계	1억 2천만원

∴현금증가액 = 1억 2천 2백만원 − 1억 2천만원 = 3백만원

손익계산서

수익 : 매출(현금매출 1억원 + 외상매출 2천만원) 1억 2천만원

이자수익 1백만원

계 1억 2천 1백만원

비용 : 매출원가(현금구입액 7천만원 + 외상구입액 1천만원) 8천만원

임차료 및 관리비 1천만원

이자비용 2백만원

승용차 감가상각비 2백만원

계 9천 4백만원

이익 = 1억 2천 1백만원 − 9천 4백만원 = 2천 7백만원

이익은 2천 7백만원인데 왜 남은 현금은 3백만원에 불과한가? 회사의 영업성과를 나타내는 손익계산서상의 수익과 비용이 현금흐름과 다르기 때문에 나타난 결과이다.

'작년에 이익이 이렇게 많이 났는데 왜 돈은 없는 거야?', 또는 '작년에 적자가 났는데 돈은 여유가 있네?' 라고 반문하는 회사의 경영자들을 많이 볼 수 있는데, 손익계산서상의 이익과 현금수지가 다르다는 것을 이해하지 못하기 때문이다. 그러면 여기서 그 비밀을 하나씩 벗겨보자.

첫째, 수익에서 가장 큰 비중을 차지하는 것은 매출인데, 매출은 원칙적으로 상품이 고객에게 인도되는 시점에서 인식하게 된다. 그런데 매출에는 현금매출도 있고 외상매출도 있다. 비록 외상매출이라고 하더라도 상품이 인도되었으면 매출로 인식되어야 한다는 점에서 현금수입과 매출에 차이가 생기는 것이다. 예를 들어 이 달의 매출이 1천만원인데 전부 외상으로 팔았다고 치자. 수익은 1천만원을 올렸지만 현금은 한 푼도 안 들어오게 된다. 반대로 이 달에 매출을 한 푼도 올리지 못했지만 지난달에 외상으로 판 대금 1천만원을 회수했다고 치자. 이 경우 수익은 0원이지만 현금은 1천만원이나 들어오게 된다.

박달재 씨의 가게는 매출이 1억 2천만원이지만 이 중 외상매출이 2천만원이고 그 전 해의 외상대금 수금액이 1천만원이다. 따라서 매출과 관련된 현금수입액은 현금매출 1억원과 외상대금 수금액 1천만원을 합한 1억 1천만원이므로 매출액과 1천만원의 차이가 생기는 것이다.

둘째, 비용에서 가장 큰 비중을 차지하는 것은 매출원가이다. 박달재 씨의 가게는 계산을 간단히 하기 위해 상품재고가 없는 것으로 가정하였으므로 상품매입액이 곧 매출원가가 된다. 상품매입 역시 매출과 마찬가지로 상품을 인수하는 시점에서 매입으로 인식해야 한다. 따라서 외상매입이라고 해도 상품을 인수했으면 비용으로 인식해야 하며, 상품의 인수를 수반하지 않는 현금지출은 지난 외상매입금의 지불, 또는 선급금에 불과하므로 비용으로 인식할 수 없다는 점에서 매입과 현금지출에 차이가 생기는 것이다. 이달에 상품을 1천만원어치 구입했는데 전부 외상으로 했다면 비용은 1천만원을 계상하더라도 현금지출은 한 푼도 없다. 반대로 상품을 한 푼도 구입하지 않았는데 지난 해 외상대금 1천만원을 지출했으면 비용은 0원이지만 현금지출은 1천만원이 되는 것이다. 박달재 씨의 가게의 경우 상품매입액은 8천만원인 반면 상품매입과 관련된 현금지출액은 현금매입액 7천만원과 외상대금 지급액 2천만원을 합쳐 9천만원으로 1천만원의 차이가 생기는 것이다.

셋째, 대차대조표에서 설명한 바와 같이 승용차는 고정자산에 속한다. 이러한 고정자산을 판매해서 들어온 돈은 수익이 아니다. 만약 박달재 씨가 자동차판매상을 운영하고 있다면 판매용 자동차는 재고자산이므로 자동차를 판 돈은 매출액으로서 수익에 포함될 것이다. 그러나 잡화점에서 자동차는 고정자산이다. 그런 고정자산도 판매할 때 일부가 수익에 포함되는 경우가 있기는 하다.

고정자산은 매년 감가상각을 통해 가치가 하락하게 된다. 예를 들면 1천만원짜리 승용차가 매년 2백만원씩 감가상각된다고 할 때 4년이 지났으면 그 승용차의 감가상각누계액은 8백만원이므로 승용차의 순가치는 2백만원이 된다. 이 승용차를 3백만원에 팔았다면 순가치인 2백만원을 초과하는 1백만원은 고정자산처분이익으로 수익에 포함된다. 반대로 1백만원에 팔았다면 부족한 1백만원은 고정자산처분손실로 비용에 포함된다. 위의 예에서는 순가치 그대로 팔았다고 가정한 것이다.

넷째, 승용차를 구입한 돈은 수익을 얻기 위해 쓴 돈으로 볼 수 있다. 그러나 승용차를 구입한 돈 전액을 구입한 연도에 비용으로 인정할 수는 없다. 왜냐하면 승용차는 보통 5년 이상 사용할 수 있기 때문이다. 만약 올해 승용차 구입비로 지출한 돈 1천만원을 모두 비용으로 인정한다면 앞으로 더 사용할 4년 동안은 승용차 구입비를 하나도 비용으로 인정할 수가 없다는 문제점이 생긴다. 승용차로 인한 혜택은 계속 생기는데도 말이다. 그래서 승용차와 같은 고정자산을 구입한 돈은 구입한 연도에 그 전액을 비용으로 인정하지 않고 감가상각을 통해 매년 일정액을 비용으로 인정하는 것이다.

고정자산은 그 종류에 따라 각각의 수명이 정해져 있는데 이를 내용연수라고 한다. 예를 들어 승용차의 내용연수가 5년이라고 하면 그 승용차는 5년간 사용할 수 있다는 뜻이다. 박달재 씨의 경우, 승용차의 내용연수를 5년으로 하고, 매년 같은 금액이 감가상각된다고 가정하여 2백만원(1천만원÷5년)의 감가상각비가 계산되었다. 감가상각비는 현금이 나간 것이 아닌데도 비용으로 인정하는 이유가 여기에 있다. 위의 예에서 승용차와 관련하여 지출한 돈은 1천만원이지만 비용으로 계상한 금액은 감가상각비 2백만원에 불과하므로 비용과 현금지출액의 차이는 8백만원이 된다.

　다섯째, 은행에서 빌린 돈은 수익이 아니다. 물건을 팔고 거래처한테 그 대가로 받은 돈은 나중에 거래처에 다시 돌려줄 필요가 없는 자기소유의 돈이다. 은행예금이자로 받은 돈 역시 나중에 은행에 돌려줄 필요가 없는 자기소유의 돈이다. 즉, 수익으로 들어온 돈은 나중에 상대방에게 되돌려줄 필요가 없는 돈이어야 한다. 그런데 은행에서 빌린 돈은 언젠가는 반드시 은행에 되돌려주어야 하는 돈이므로 수익이 아니다. 단지 빚이 늘어났을 뿐이다.

　여섯째, 은행이나 다른 곳에서 빌려온 돈이 수익이 아니듯이 남에게 빌려주거나 예금한 돈 역시 비용이 아니다. 비용은 수익을 얻기 위해 쓴 돈이다. 잡화점에서 매출을 올리려면 상품을 매입해야 하고, 가게임차료 및 관리비도 내야 하고 점원을 고용했을 경우에는 급여도 줘야 한다. 이러한 것들이 비용에 속한다. 그러나 남에게 빌려주거나 은행에 저축한 돈은 수익을 얻기 위해 쓰인 돈이 아니라 여유자금을 활용한 것에 불과하다. 은행에 저축하지 않았다고 해서, 또는 남에게 돈을 빌려주지 않았다고 해서 가게를 유지하는 데는 직접적인 영향을 주지 않는다.

이런 여섯 가지 이유 때문에 대략적인 감으로는 이익이 남는 것 같지만 막상 손에 쥐이지는 현금이 부족하게 된다. 주먹구구식으로 사업하는 '사장님' 들에게 왕왕 발생하는 일이다. 장사고 사업이고, 끊임없이 돈이 오가는 일이다. 현금흐름표는 손익계산서만 믿고 지출하다 현금 부족에 시달리는 사장들이 꼭 챙겨야 할 체크포인트다.

지금까지 설명한 수익과 비용이 현금흐름과 다른 점을 금액으로 표시해 보자.

1. 손익계산서상 이익보다 현금증가액을 더 적게 만드는 요소

매출과 관련된 차액	1천만원
매입과 관련된 차액	1천만원
승용차 구입과 관련된 차액	8백만원
(차량구입비 1천만원 – 감가상각비 2백만원)	
친구에게 빌려준 돈	5백만원
주식투자액	3백만원
합계	**3천 6백만원**

2. 손익계산서상 이익보다 현금증가액을 더 많이 가져오는 요소

승용차 처분액	2백만원
은행에서 빌린 돈	5백만원
친척에게 빌린 돈	5백만원
합계	**1천 2백만원**

3. 손익계산서상 이익과 현금증가액의 차이

3천 6백만원 − 1천2백만원 = 2천 4백만원

이는 손익계산서상 이익 보다 현금은 2천 4백만원 더 적게 들어온다는 의미가 된다. 이 경우 손익계산서 이익을 기준으로 투자 등의 현금지출계획을 세웠다가는 큰 낭패를 보게 된다.

지난 10년간 적자를 기록했더라도 다음 해에 필요한 운영자금을 조달할 능력이 있다면, 사업에서 성공할 기회가 아직 남아 있다. 반대로 지난 10년간 흑자를 기록했더라도 현금흐름의 계산을 잘못하여 일시적으로 어음을 결제하지 못하는 일이 생긴다면, 회사의 신용도가 악화되어 금융기관으로부터 한꺼번에 대출금 상환요구가 들어오게 된다. 이 경우 십중팔구 흑자도산 상태에 빠진다. 흑자도산은 경영자가 당하는 일 중 가장 억울한

일이라고 볼 수 있지 않을까.

　회사의 현금흐름은 영업실적 만큼 중요하다. 그래서 어느 정도 규모가 있는 회사는 경리부외에 자금부를 따로 두어 매일매일 자금흐름을 체크하고 있다. 조그마한 회사라 그럴 여유가 없다면 CEO가 직접 챙기거나 적어도 담당 직원을 별도로 두는 것이 좋다.

손가락 사이로 빠져나가는 돈, 어떻게 막을까?

가계부를 써본 사람은 모두 알 것이다. 어디다 썼는지도 모르게 돈을 다 써버리는 일이 비일비재하다는 것을. 이것이 새어나가는 돈의 속성이다. 조그마한 지출 하나 하나가 모여서 큰 돈이 되어버리니 어디다 썼는지 파악하기도 힘든 것이다.

회사도 마찬가지다. 접대비, 가지급금, 외상매출금, 외상매입금, 간이영수증 등, 액수가 작을수록 더 주의를 요하는 항목들이 있다. 그럼 사장이 이런 것들을 틀어쥐고 촉각을 곤두세우면 좀 나아질까? 사장이 헤프면 사원도 헤퍼지지만 그렇다고 지나치게 통제하면 쫀쫀하다는 소리를 듣는다. 어차피 모든 걸 다 일일이 사장이 통제할 수는 없다. 새어나가는 돈의 맥을 잡아 놓는 일이 중요하다. 이들 새어나가는 돈을 사장이 어떻게 적절히 통제할 수 있는지에 대해 알아보도록 하자.

사업을 하는 데 접대비는 필요악이다. 달갑지 않은 지출이긴 하지만 쓰지 않을 수도 없다. 게다가 접대비는 통제하기가 여간 곤란한 게 아니다. 기분에 따라 많이 쓸 수도 있고 아주 적게 쓸 수도 있으니 얼마를 써야 적당한지 판단을 내리기가 어렵다. 영수증도 아주 불완전하다. 접대비 영수증은 아무데서나 쉽게 구할 수가 있기 때문이다. 또한 접대비는 회사에서 어느 정도의 위치에 있는 간부급들이 주로 사용하기 때문에 간섭하기도 껄끄럽다. 일반관리비와 같이 매월 사용액을 예상할 수 있고 영수증이 분명한 비용보다 더욱 더 많은 신경을 써야 한다.

접대비와 관련되어 가장 많이 발생하는 부당지출의 유형은 사업과 관련 없이 개인적으로 지출한 유흥비를 접대비로 올리거나 금액을 부풀리는 것이다.

우선 전자의 유형, 사업과 관련 없는 접대비 지출을 방지하기 위해서는 접대할 경우에 사전에 책임자에게 보고해야 함을 원칙으로 세우도록 한다. '어제 저녁에 아무개에게 접대를 해서 보고합니다'가 아니라, '오늘 저녁 아무개에게 접대를 하려고 하는데, 대체적으로 이 정도의 금액을 예상하고 있습니다'가 되어야 한다. 불가피하게 사전에 보고되지 않은 접대비를 지출했을 경우에는 누구에게 어디에서 무슨 목적으로 접대를 했는지 별도의 보고서를 요구해야 한다.

후자의 유형, 접대비를 부풀리는 것을 방지하기 위해서는 일정 금액 이상의 접대비를 반드시 카드로 사용하도록 의무화시켜야 한다. 접대비 영수증의 상당부분은 간이영수증인데, 간이영수증은 얼마든지 구할 수 있다. 그래서 실제로는 3만원 정도의 식사를 하고도 빈 영수증을 받아 10만원을 기재해서 접대비를 청구하면 별수 없이 10만원을 지급하게 되는 것이다. 그렇다고 모든 영수증을 카드로 받아오도록 요구하는 것은 현실적으로 불가능하다.

따라서 일정 금액 이상, 예를 들면 3만원 이상의 접대비를 카드로 사용하도록 하는 것을 원칙으로 한다면 금액을 부풀리는 부당지출은 효과적으로 방지할 수 있을 것이다. 또한 접대비의 카드사용액을 늘릴 경우, 접대비를 세법상 비용으로 인정받을 수 있는 효과도 있다.

가지급금 계정을 통제하라

지방출장을 갈 때도 출장비가 필요하다. 그런데 얼마의 비용이 드는지 출장을 가기 전에는 정확히 알 수가 없다. 이 경우 출장이 끝난 후 정산하는 조건으로 일정 금액을 일단 지불하는데, 이때 처리하는 계정이 가지급금, 또는 주·임·종 단기대여금이다.

출장 이외의 기타의 업무에도 마찬가지로 가지급금이 발생할 수 있으므로 가지급금이 그때그때 정산되는지도 확인해 보도록 한다. 예를 들어 직원이 지방출장을 가면서 100만원을 가지급금으로 가지고 갔는데, 예상보다 일이 빨리 끝나 실제로 지출한 비용은 50만원뿐이었다. 이때 직원이 가지급금을 즉시 정산하지 않고 갖고 있게 되면 이 역시 고양이 앞에 생선을 놓아둔 것과 다름이 없다. 돈이란 갖고 있다 보면 쓰게 되는 법, 이리저리 돈을 쓰다 보면 결국 정산할 때 허위영수증이 필요하게 된다.

또한 높은 지위에 있는 간부가 회사업무와는 무관하게 회사 돈을 잠시 가져가는 경우가 있는데, 이때에도 가지급금 계정으로 처리한다. 예를 들어 이사가 개인적으로 돈이 급해 경리부장에게 돈을 달라고 할 경우 경리부장은 상사의 부탁이기 때문에 들어주는 경우가 많다. 이럴 경우도 가지급금으로 처리한다.

이런 일은 원칙적으로 일어나서는 안 되지만 어쩔 수 없이 생긴다 하더라도 며칠 이내로 다시 입금되지 않으면 나중에 누적되어 여러 가지 문제를 발생시키게 된다.

필자가 모회사를 감사할 때의 일이다. 주·임·종 단기대여금의 잔액이 의외로 많아 당해 연도말 내역과 전년도말 내역을 비교해 보았다. 그 결과 전년도 말에 있던 잔액 중 상당부분이 올해 말에도 그대로 남아 있음을 발견했다. 이와 같은 주·임·종 단기대여금은 일년 이상 정리가 안 되었음을 의미하므로 많은 문제점을 안고 있을 것이라고 판단하고, 그 원인을 알아보니 예상대로 대부분은 이미 퇴직한 직원들이 가져간 돈이라서 회수할 수 없다는 사실이 밝혀졌다.

만약 주·임·종 단기대여금의 내용을 그때그때 파악하고 있었다면 그 직원이 퇴직할 때 퇴직금과 상계처리하면 됐을 텐데 너무 늦게 발견한 셈이다. 따라서 주·임·종 단기대여금, 또는 가지급금은 사장이 수시로 챙겨봐야 새어 나가는 돈을 막을 수 있을 것이다.

새어나가는 매출을 잡아라

중소기업에서는 영업사원이 납품을 하고 수금도 직접 하는 경우가 많다. 수금을 하면서, 또는 수금 직전에 영업사원이 세금계산서를 발행해야 비로소 정식으로 매출로 잡히고 외상매출금 대장에 기록되는 경우가 있는데, 바로 여기서 문제가 발생한다.

예를 들어 영업사원이 거래처에서 한 달 후에 돈을 받기로 하고 100만원의 상품을 외상으로 납품했다고 하자. 이 영업사원은 한 달 후에 거래처에서 약속대로 100만원을 수금했다. 이때 영업사원이 의도적으로 세금계산서를 발행하지 않는다면 수금한 돈을 개인적으로 착복해도 발견하기가 곤란하다. 왜냐하면 외상매출금이 수금되었는지 파악하기 위해서는 일단 정식으로 매출로 잡히고 외상매출금 대장에 기록되어야 하는데, 세금계산서를 발행하지 않았으니 아예 매출로 잡히지도 않았기 때문이다.

이를 방지하기 위해서는 다음의 두 가지 중 한 방법을 사용하도록 한다. 우선 세금계산서를 영업사원이 발행하는 것이 아니라 창고의 출고담당자가 출고시점에서 발행하는 것이다. 그리고 발행한 세금계산서를 출고담당자가 직접 경리부에 갖다준다면 출고된 물건은 출고 즉시 매출로 잡히고 외상매출금대장에 기록될 것이므로 나중에 수금상황을 통제할 수가 있다. 그러나 거래처와의 관례상 출고 즉시 세금계산서를 발행하기 곤란한 경우도 있다. 납품은 수시로 이루어지지만 세금계산서는 월 1회 발행하는 등 거래처의 내부적인 정산시기와 출고시점이 맞아떨어지지 않을 경우가 그렇다. 이 경우에는 세금계산서를 발행하지 않더라도 출고시점에서 거래명세서를 근거로 매출을 잡는 것이 좋다. 그래야 출고된 금액이 나중에 세금계산서로 발행되었는지, 그래서 수금이 되었는지를 통제할 수 있기 때문이다.

납품가와 납품물량을 통제하라

원재료나 상품을 구입하는 단계에서도 돈이 새어나갈 수 있다. 예를 들어 개당 10원에 납품받기로 계약을 했는데 거래명세서에는 개당 12원으로 계산되어 있는 경우이다. 납품받은 품목과 납품횟수가 많지 않다면 이런 것은 어렵지 않게 발견할 수 있지만, 그렇지 않은 회사는 발견하기가 쉽지 않다. 게다가 회사의 구매담당자와 거래처가 유착하게 되면 더욱 더 발견하기 어렵다.

그렇다고 입고할 때마다 경영자가 일일이 간섭할 수는 없는 노릇이다. 이럴 땐 재고자산수불부의 입고내역과 매입대장, 또는 외상매입금 보조원장을 비교검토해 보면 그러한 부정이나 오류를 발견할 수 있다. 그러나 창고의 입고담당자가 믿을만한 사람이어야 한다는 전제조건이 필요하다. 흔히 창고담당자를 일종의 노가다로 취급하는 경향이 있어서 대부분의 회사에서는 창고담당을 한직으로 여기고 비교적 중요하지 않은 사람을 배치하는 경우가 많다. 과연 그럴까?

거래처에서 개당 10원에 납품하기로 계약한 물건을 거래명세서에 개당 12원으로 계산해서 가져왔다고 하자. 그리고 창고의 입고담당자와 유착하여 재고수불부에는 개당 10원에 들어온 것으로 기재한다면 나중에 발견하기가 매우 어렵다. 또한 단가는 원래대로 10원으로 기대했지만 100개를 납품하고 거래명세서에 200개를 납품한 것으로 기재하는 경우도 있다. 단가를 속인 경우는 매입대장에 자세한 구입내역이 기재되어 있으면 나중에 발견할 수도 있지만, 수량을 속인 경우는 불시에 재고실사를 하지 않는 한 현실적으로 발견하기가 불가능하다.

출고담당자도 마찬가지이다. 200개를 출고한 후 재고자산수불부의 출고내역과 거래명세서, 또는 세금계산서에 100개만 매출한 것으로 기재할 경우 불시에 재고조사를 하지 않는 한 역시 발견하기 어렵다. 또한 아무런 근거 없이 출고한 물건을 다시 입고시키면서 정식으로 구입한 것으로 가장하여 회사의 결제를 받아낼 수도 있을 것이다.

현장에서 실물을 확인하는 담당자가 입출고의 내용을 정확히 기재하기만 하면 그 이후에 나타는 문제점은 회계자료를 검토함으로써 충분히 발견할 수 있다. 그러나 실물담당자가 부정이나 오류를 저지르면 회계자료만으로는 포착하기가 어려우므로 현장에서 실물을 담당하는 직원의 중요성을 절대로 무시해서는 안 된다.

대기업의 경비원도 마찬가지이다. 특히 창고가 있는 공장건물의 경비원은 차량의 출입을 통제하면서 재고자산의 입출고를 확인하고 있다. 경비원이 작성한 경비일지에 입출고내역이 정확히 기재되어 있다면 재고로 인한 부정이나 오류는 나중에 충분히 발견할 수가 있다. 그런데도 여전히 경비는 경례만 잘하면 된다고 여기는 회사가 많다.

재고의 입출고과정에서 발생하는 부정이나 오류를 방지하기 위해서는 재고자산수불부를 정확히 작성할 줄 아는 능력이 있으면서도 양심적인 사람이 필수조건임을 기억하기 바란다.

영수증의 금액에 주의하라

모회사에서 출납담당 여직원이 수천만원을 횡령한 사건이 있었다. 그런데 놀라운 점은 돈을 횡령한 수법이 너무나도 간단한 것이라는 사실이었다. 간이영수증이 회사경비지출증빙으로 많이 사용되고 있는 현실을 이용한 것이다. 간부직원이 거래처에 접대를 하면서 10만원을 지출한 후 간이영수증을 출납담당 여직원에게 제출하고 10만원을 수령할 경우 출납담당 여직원은 10만원을 110만원으로 고친 후 110만원을 인출하여 그 중 100만원은 자신이 가진 것이다.

흔히 간이영수증의 금액을 쓸 때 그냥 '100,000원'이라고 기재하거나 앞에 ₩자를 기재하더라도 '₩ 100,000원'이라고 기재하기 때문에 ₩와 1 사이에 빈 공간이 생기게 된다. 이 빈 공간에 1을 하나 덧붙임으로써 영수증의 금액조작을 간단하게 끝낼 수 있었다. 이러한 영수증 조작이 몇 년간 반복되다 보니 횡령한 금액이 수천만원에 달하게 된 것이다.

이 횡령사실은 우연한 기회에 발각되었다. 모과장이 사장님에게 접대비를 많이 쓴다고 질책을 받자 자신은 접대비를 많이 쓰지 않았다고 항변을 하며 경리부에 자신이 접대비로 지출한 내역을 조사해달라고 부탁하는 과정에서 어느 영수증의 숫자 하나가 다른 색깔로 기재된 것을 발견한 것이다. 이를 수상히 여겨 심도 있게 조사한 끝에 영수증 조작으로 인한 횡령사건의 전모를 밝혀낼 수 있었다.

그 후 이 회사는 영수증에 금액을 기재할 때 금액 앞에 반드시 ₩자를 기재하되 첫 숫자와 빈 공간을 두지 말 것, 그리고 아라비아 숫자의 금액 뒤에 한글로도 금액을 기재할 것 등을 정기적으로 교육시켰다고 한다.

이런 교육도 대책이 될 수 있지만 숫자를 조작할 수 없는 금전등록기 영수증을 받아오도록 하는 것도 필요하지 않을까?

모회사에서 발생한 일이다. 거래처에서 수금을 하러 왔는데, 평소에도 늘 수금을 하던 직원이 입금증을 가지고 왔기에 의심하지 않고 돈을 지불했다. 그런데 나중에 알고 보니 그 직원은 이미 거래처에서 해고된 상태였고 입금증에 날인된 사용인감도 이미 변경되기 전의 것이었다. 지불된 돈은 그 직원이 개인적으로 착복을 했기 때문에 결국 그 회사는 어쩔 수 없이 거래처에 돈을 다시 지불해야만 했다.

수금하는 직원들은 회사의 직인과 인감만 찍고 거래처와 금액난을 비운 입금증을 몇 부씩 갖고 다니는 경우가 많기 때문에 해고된 뒤에도 남은 입금증을 이용하여 자기가 담당했던 거래처에서 수금을 하는 경우가 종종 발생한다. 따라서 비록 평소에 거래하던 직원이 수금을 하러 온 경우라 하더라도 거래처에 확인전화를 해봐야 한다.

거래처에 돈을 지불할 경우 사고를 방지하기 위해서는 다음의 원칙을 지키는 것이 좋다.

첫째, 계속 거래하는 거래처 중 처음 수금을 하는 거래처는 사업자등록번호와 사용인감을 새로 등록시킨 후 입금증의 사용인감과 등록된 사용인감이 동일한지 확인해야 한다.

둘째, 일회성 거래처가 수금을 할 경우에는 사업자등록증 사본과 사용인감을 팩스 등으로 받은 후 입금증과 비교해 본다.

셋째, 거래처에서 계속적인 수금을 할 경우에는 수금할 때마다 전화로 대금지불사실을 확인해야 한다.

넷째, 현금으로 지불할 경우에는 가능하면 무통장입금을 이용하는 것이 좋다.

내 몸에 맞는 매출목표 세우기

어느 백화점 식당가의 중국음식점에서 자장면을 1,500원에 팔고 있었다. 일반 중국음식점에서도 자장면 가격은 3,000 ~ 3,500원인데…? 백화점의 음식점은 관리비나 임대료면에서 일반음식점보다 훨씬 불리한 텐데 어떻게 그렇게 싸게 팔 수 있지!? 그래서 처음에는 미친 짓이라며 손가락질도 많이 받았다고 한다. 그러나 그 백화점 식당가에서 이익이 남는 곳은 그곳뿐이라고 한다. 비밀이 무엇일까? 쉽게 생각하자. 들인 비용보다 매출액이 많으면 된다. 그렇다면 어떻게 그렇게 할 수 있을까? 매출목표를 정하고 변수를 조정하여 손익분기점을 돌파하라.

손익분기점을 설정할 때 원가를 따지는 법을 모른다면

눈앞의 장사에 급급해 진짜 사업을 할 기회조차 잃어버릴 수 있다.

어떤 사람들은 매출액이나 이익에만 온 신경을 집중한다. 그러나 정말 꼼꼼히 따지고 넘어가야 할 것은 비용이다. 그 중에서도 좀더 신경 써야 할 부분이 고정자산에 투자한 비용이다. 특히 고정자산의 감가상각비는 고정비 중에서도 비중이 크기 때문에 이를 무시하고는 정확한 비용을 산출할 수 없으며, 정확한 이익도 계산해낼 수 없다.

예를 들어 설명해 보자.

왕소금 씨의 가게는 연간 매출액이 1억원이고 비용이 8천만원 정도 된다. 그런데 주문이 밀려 제대로 배달을 하지 못해 매출을 놓치는 경우가 있어 배달용 자동차를 한 대 구입하기로 했다.

자동차 구입가격은 1천 5백만원이고 5년 정도 사용할 수 있다고 한다. 2003년 초에 자동차를 구입한 결과 연간매출액이 1천만원 정도 올랐다.

2003년도 결산할 때가 왔다. 자동차 구입가격 1천 5백만원을 어떻게 처리하는 것이 옳을까? 이때 자동차 구입가격을 전부 2003년도 비용으로 처리하면 불합리한 결과가 나온다.

자동차를 구입해서 연간 1천만원의 매출이 올랐고, 이는 자동차가 사용되는 5년간 지속된다. 그리고 자동차 이외의 다른 비용 역시 매년 같다. 그럼에도 불구하고 2003년에만 이익이 1천 5백만원이고 2004년부터는 3천만원이 된다. 매출액과 비용, 자동차 사용 등 사업의 내용이 같은데 이익이 서로 다른 것은 분명히 불합리하다.

왕소금 씨의 연도별 이익산출

	2003년	2004년	2005년	2006년	2007년
매출	1억 1천만원	1억 1천만원	1억 1천만원	1억 1천만원	1억 1천만원
비용	8천만원	8천만원	8천만원	8천만원	8천만원
	1천 5백만원				
이익	1천 5백만원	3천만원	3천만원	3천만원	3천만원

이와 같이 불합리한 결과가 초래된 이유는 자동차 취득가액을 취득연도에 전부 비용으로 계상했기 때문이다. 자동차를 5년간 사용한다면 그에 따라 취득가액도 5년간 골고루 분산시켜 비용으로 계상해야 합리적일 것이다. 만약 자동차가 5년간 매년 똑같이 사용된다면 1천 5백만원 ÷ 5년 = 3백만원을 매년 비용으로 계상해야 한다. 여기서 3백만원이 감가상각비인 것이다. 즉, 감가상각비는 자동차와 같은 고정자산의 취득가액을 취득연도에 전부 비용으로 하지 않고 사용연도 동안에 골고루 비용으로 분산시키기 위해 처리하는 항목이다. 이렇게 해야만 비용은 물론 이익도 정확히 파악할 수 있고, 현재의 판매효율도 정확히 알 수 있는 것이다.

손익분기점 매출이란 손익이 '0'이 되는 매출액을 말한다. 즉, 매출액이 손익분기점 이상으로 오르면 회사는 이익이 발생하고 그 이하이면 손실이 발생하는 것이다. 따라서 판매계획을 세울 때는 먼저 손익분기점 매출이 얼마인지 파악해서 손익분기점 매출을 목표로 영업부 사원이 전력투구할 수 있도록 정신무장을 시켜야 한다.

예를 들어 회사의 손익분기점 매출이 연간 10억원이고 영업부 사원이 10명일 경우, 영업부 사원 1인당 적어도 1억원의 매출을 올려야 회사가 손해가 나지 않는다는 결론이 된다. 이러한 통계치를 제시한다면 영업부 사원 각자는 자기가 1억원 이상 매출을 올리지 못할 경우 회사는 결국 적자가 난다는 사실을 깨닫게 된다. 이러한 사실을 깨달은 영업부 사원과 그렇지 않은 사원의 영업활동은 하늘과 땅만큼 차이가 날 것이다.

손익분기점을 구하는 식은 다음과 같다.

손익분기점 = 고정비 ÷ (1 − 변동비율)
변동비율 = 변동비 ÷ 매출액

'날으는 뷔페' 라는 식당을 예로 들어 손익분기점을 구해 보자. 식당을 운영하는 데 발생하는 비용은 크게 둘로 나누어 볼 수 있다.

첫째, 손님이 1명 들어오나 100명 들어오나 똑같이 발생하는 비용이다. 예를 들면 매달 지불하는 임차료와 관리비, 직원급여, 고정자산 감가상각비 등이 여기에 속한다. 이런 비용은 손님이 있으나 없으나 그저 숨만 쉬고 있어도 나가는 비용이므로 고정비라고 한다.

둘째, 들어온 손님수에 비례하여 늘어나는 비용이다. 예를 들면 음식재료비, 물수건, 주방에서 쓰는 연료비 등인데, 이러한 비용을 변동비라고 한다. '날으는 뷔페'의 고정비는 직원 5명의 인건비가 월 500만원, 임차료와 관리비가 월 300만원, 고정자산 감가상각비는 월 200만원이라고 한다.

그리고 손님 1인당 평균 매출액이 5,000원, 음식재료비 및 연료비가 매출액의 50%이며, 물수건이 개당 100원이다.

고정비 = 500만원 + 300만원 + 200만원 = 1,000만원

손님 1인당 변동비 = 5,000원 × 50% + 100원 = 2,600원

변동비율 = 2,600 ÷ 5,000 = 0.52

손익분기점 = 1,000만원 ÷ (1 − 0.52) = 2,083만원

따라서 이 식당의 경우 월 2,083만원 이상을 팔아야 이익이 난다는 결론이 나온다.

위의 식을 보면 손익분기점을 계산하는 식에서 고정비가 작을수록, 변동비율이 클수록 손익분기점이 되는 매출은 작다는 것을 알 수 있다. 반대로 고정비가 크고, 변동비율이 작으면 손익분기점을 돌파하기 위해 필요한 매출액이 굉장히 커지는 것이다.

목표이익을 달성하기 위한 매출액을 산출해 보자

손익분기점을 응용하면 목표이익을 달성하기 위한 매출액도 산출할 수 있다. 목표이익을 고정비에 포함시키고 매출액을 계산하면 된다. 예를 들어 '날으는 뷔페' 식당에서 다음과 같은 목표이익을 세웠다고 해보자.

목표이익 ① : 월 500만원

목표이익분기점 = (1,000만원 + 500만원) ÷ (1 − 0.52) = 3,125만원

사원이 5명이므로 3,215만원을 5로 나누면 1인당 매출은 625만원이 된다. 따라서 1인당 매출이 625만원을 초과할 경우 일정 금액의 특별상여금을 지급하는 제도를 도입해서 매출액을 초과 달성하도록 독려할 수 있다.

목표이익 ② : 월 1,000만원

목표이익분기점 = (1,000만원 + 1,000만원) ÷ (1 − 0.52) = 4,166만원

이 경우 1인당 매출목표는 833만원이다. 따라서 역시 이를 초

과할 경우 목표이익 ①보다 더 많은 상여금을 지급하는 제도를
도입하는 것이 좋다.

업종에 따라 매출을 올리는 데 크게 두 가지 유형이 있다. 첫째는 영업사원이 거래처, 또는 고객을 직접 만나 판매하는 유형으로, 대부분의 제조업과 도매업이 이에 해당된다. 둘째는 고객이 매장에 찾아와 물건을 사가는 유형으로, 각종 소매점, 대리점, 백화점, 할인점 등이 이에 속한다.

첫 번째 유형의 판매효율을 평가할 때는 영업부 사원 1인당 매출이 얼마나 되는지, 또는 영업부 인건비 대 매출액 비율이 얼마나 되는지를 살펴보는 것이 좋다. 이렇게 확인한 숫자는 영업부 사원의 목표매출액을 설정하는 데 유용할 것이다. 예를 들면 타회사의 1인당 매출액, 또는 인건비당 매출액이 우리 회사보다 높을 경우 이를 비교하여 타회사의 실적을 목표매출액으로 삼을 수도 있다.

한편, 목표이익을 통해 목표매출액을 설정할 수도 있다. 전년도 실적과 대비하거나 타회사의 실적과 비교하여 목표이익을 정한 다음, 앞의 손익분기점에서 설명한 것처럼 (목표이익 + 고정비) ÷ (1 - 변동비율)의 식으로 목표매출액을 구하면 된다.

목표매출액은 급여인상률이나 상여금 지급수준 등을 정하는 데도 매우 유용한 지표가 된다. 예를 들면 전년 대비 1인당 매출액 상승률 이상으로 인건비를 인상할 경우 회사의 수익성은 낮아질 것이다. 또한 인건비당 매출액이 낮아진 만큼 인건비를 인상한다면 역시 회사의 수익성은 낮아진다.

두 번째 유형의 판매효율을 평가할 때는 대체적으로 다음의 식을 이용한다.

매장면적당 매출 = 매출액 ÷ 매장면적

$$\text{매출액 대 판매시설운영비율} = \frac{(\text{판매시설임차료} + \text{관리비} + \text{점원인건비})}{\text{매출액}}$$

　　매장면적당 매출은 높을수록 바람직하며, 매출액 대 판매시설 운영비율은 낮을수록 좋다. 대형할인점, 목욕탕, 숙박시설과 같이 매장면적과 매출이 직접적인 관련이 있는 업종은 전자의 식이 더 유용할 것이고, 판매장의 위치와 내부시설이 매출을 좌우하는 업종에서는 후자의 식이 더 유용할 것이다. 매장이 여러 군데일 경우에는 앞의 식에서 구한 판매효율을 상호비교하여 판매효율이 현저히 떨어지는 매장은 폐쇄하고, 그 자금으로 판매효율이 높은 매장을 늘리는 전략이 필요하다.

매출액 제고를 위한 3단계 전략

판매효율을 높이기 위해서는 경비를 줄이거나 매출액을 높여야 한다. 경비를 줄이는 방법은 앞에서 설명했으므로 여기서는 매출액을 높이기 위한 방법에 대해 설명한다. 매출액을 높이기 위해서는 다음과 같은 세 단계가 반드시 필요하다.

제1단계　　목표매출액을 산출한다.

제2단계　　목표매출액과 실제매출액의 차이를 구한다.

제3단계　　차이의 원인을 분석하고 그에 맞는 대책을 수립한다.

가격이 문제가 되는 경우

　　　　　　　예를 들어 갑상품을 취급하는 회사의 올
해의 목표매출액과 실제매출액은 다음과 같았다.

목표매출액	1,000개 × 10,000원　=　10,000,000원	
실제매출액	1,100개 ×　8,500원　=　　9,350,000원	
차액	650,000원	

이 경우 단순히 목표보다 65만원을 달성하지 못했다는 결론을
내리면 효과적인 대책을 마련하기 어렵다.

매출액은 수량에 단가를 곱해서 구한다. 따라서 그 차액도 수
량으로 인한 차액인지 단가로 인한 차액인지 분석해야 한다. 65
만원의 차액을 수량으로 인한 차액과 단가로 인한 차액으로 구
분하면 다음과 같다.

수량차이	(목표수량 − 실제수량) × 목표단가
	= (1,000 − 1,100) × 10,000 = −1,000,000원 (유리한 차이)
단가차이	(목표단가 − 실제단가) × 실제수량
	= (10,000 − 8,500) × 1,100　　= 1,650,000원 (불리한 차이)
차액	650,000원 (불리한 차이)

차액을 분석해 보면, 수량에 있어서는 오히려 목표보다 100만원의 유리한 차이가 발생했고, 단가에 있어서 불리한 차이가 165만원 발생하여 결과적으로 목표보다 65만원이 미달됐음을 알 수 있다. 즉, 매출수량을 늘리기 위해 지나치게 단가를 낮춘 것이 목표를 달성하지 못한 주요원인이었던 것이다.

그렇다면 목표액을 달성하기 위해서는 매출수량을 늘리기보다 경쟁업체의 가격동향을 주시하면서 매출단가를 현실화시키는 대책이 더 필요하다는 결론이 나온다.

수량이 문제가 되는 경우

한편 목표매출액과 실제매출액이 다음과 같다면 다른 결론이 도출될 것이다.

목표매출액	1,000개 × 10,000원	= 10,000,000원
실제매출액	900개 × 10,500원	= 9,450,000원
차액		550,000원

이 경우 차액을 분석하면 다음과 같다.

수량차이	(목표수량 − 실제수량) × 목표단가
	= (1,000 − 900) × 10,000 = 1,000,000원 (불리한 차이)
단가차이	(목표단가 − 실제단가) × 실제수량
	= (10,000 − 10,500) × 900 = − 450,000원 (유리한 차이)
차액	550,000원 (불리한 차이)

차액을 분석해 보면 수량에 있어서는 100만원의 불리한 차이가 발생한 반면 단가에서는 오히려 45만원의 유리한 차이가 발생하여 결과적으로 목표보다 55만원 미달하였음을 알 수 있다. 즉, 단가를 약간 높게 잡은 것이 매출수량의 감소를 초래하여 전체적으로 목표에 미달하게 된 것이다.

그렇다면 목표를 달성하기 위해서는 '가격인하', '폭탄세일'과 같은 매출수량 증대와 직접 연결될 수 있는 대책을 마련해야 된다는 결론이 나오게 된다.

취급하는 품목이 여러 종류일 경우

취급하는 품목이 여러 종류라면 품목간의 매출배합도 고려해야 하기 때문에 좀더 복잡하다. 예를 들어 갑상품과 을상품을 취급하는데, 목표매출액과 실제매출액이 다음과 같다고 하자.

	목표매출액	실제매출액
갑상품	120,000개 × 100원 = 12,000,000원	144,000개 × 100원 = 14,400,000원
을상품	40,000개 × 700원 = 28,000,000원	36,000개 × 700원 = 25,200,000원
합계 수량	160,000개	180,000개
합계 금액	40,000,000원	39,600,000원

수량을 기준으로 볼 때 전체 매출수량의 75%가 갑상품이고, 25%가 을상품이다. 그리고 단위당 평균매출단가는 4천만원 ÷ 16만개 = 250원이다.

목표미달액이 40만원인데, 이를 매출수량에 의한 차이와 갑상품과 을상품의 매출배합에 의한 차이로 구분해볼 수도 있다. 구하는 식은 다음과 같다.

매출수량차이 = (실제판매수량 − 목표판매수량) × 단위당 평균단가

매출배합차이 = {(실제매출비율 − 목표매출비율) × 실제총판매량)

× (단위당 목표단가 − 단위당 목표평균단가)

이번 예에서 갑상품의 실제매출비율은 144,000개 ÷ 180,000개 = 80%이고 을상품의 실제매출비율은 36,000개 ÷ 180,000개 = 20%이다. 이제 갑상품과 을상품에 대하여 각각 매출수량차이와 매출배합차이를 구하면 다음과 같다.

갑상품과 을상품의 매출분석

	매출수량차이	매출배합차이
갑상품	(144,000개 − 120,000개) × 250원 = 6,000,000원 (유리한 차이)	{(80% − 75%) × 180,000} × (100 − 250) = − 1,350,000원 (불리한 차이)
을상품	(36,000개 − 40,000개) × 250원 = − 1,000,000원 (불리한 차이)	{(20% − 25%) × 180,000} × (700 − 250) = − 4,050,000원 (불리한 차이)
비고	6,000,000원 + (− 1,000,000원) = 5,000,000원 (유리한 차이)	−1,350,000원 + (− 4,050,000원) = − 5,400,000원 (불리한 차이)

결과를 보면 전체적인 판매수량은 목표를 초과한 500만원의 유리한 차이가 발생했지만, 평균매출단가 이하인 갑상품의 매출이 증가하고 평균매출단가 이상인 을상품의 매출이 감소해서

매출배합면에서는 오히려 540만원의 불리한 차이가 발생해서
결국 목표에 40만원 미달했음을 알 수 있다. 그렇다면 매장에서
는 을상품을 좋은 자리에 진열해야 할 것이고, 일반 회사라면
영업사원을 을상품에 더 많이 배치하는 등의 조치를 통해 을상
품의 매출을 늘리는 데 총력을 기울여야 할 것이다.

홍길동은 한달에 평균 5,000그릇 팔리는 '율도국' 설렁탕집을 운영하고 있다. 그런데 이 가게는 홍길동의 꿈을 실현하는데 실패한 것처럼 보인다. '율도국' 식당의 원가내역은 다음과 같다.

목록	내역
재료비 및 주방연료비	한 그릇당 2,500원 × 5,000 = 12,500,000원
물수건 빛 식수값	한 사람당 200원 × 5,000 = 1,000,000원
인건비	월 3,000,000
임차료 및 관리비	월 1,000,000
각종 설비의 감가상각비	월 2,000,000
차입금 이자	월 300,000
총계	**19,800,000원**
한 그릇당 원가	19,800,000원 ÷ 5,000 = 3,960원

위와 같은 방법으로 원가를 계산해서 홍길동은 한 그릇당 1,000원 정도의 이익을 남길 생각으로 설렁탕 값을 한 그릇에 5,000원으로 책정한 것이다. 그런데 불경기 여파로 손님이 줄어들어 적자를 면치 못하고 있다. 그래서 인건비를 200만원으로 줄였더니 한 그릇당 원가가 3,760원으로 줄었고, 설렁탕 값을 4,500원으로 내릴 수 있었다. 그런데 이게 웬일인가? 홍길동의 가게와 경쟁관계에 있는 김선달의 '대동강' 식당은 설렁탕 값을 3,500원으로 내린 것이다.

그 가게는 규모나 위치, 시설, 매출 등으로 보아 홍길동의 가게와 원가가 거의 같은 수준이다. 인건비 역시 가게문을 닫지 않는 한 최하 월 200만원은 각오해야 하므로 원가가 적어도 3,700원 이상은 될 것이다. 그렇다면 한 그릇당 200원씩 밑지고 판다는 얘긴데 어떻게 그럴 수 있단 말인가?

그래서 홍길동은 가게문을 닫으면 닫았지 절대 밑지고는 팔지 못하겠다는 생각으로 가격을 4,000원까지만 내렸다. 과연 홍길동의 경쟁상대인 김선달은 밑지고 장사하는 것일까?

위의 원가내역 중 인건비 200만원과 임차료 및 관리비 100만원, 감가상각비 200만원, 이자비용 30만원은 고정비로서, 가게

문을 닫지 않는 한 손님이 있든 없든 고정적으로 들어가는 원가이다.

반면 설렁탕을 만드는 게 들어가는 직접적인 비용, 즉 변동원가는 재료비 및 연료비 2,500원과 물수건 및 식수값 200원을 합한 2,700원에 불과하다. 따라서 홍길동의 앞 가게는 변동원가만을 고려해서 가격을 3,500원으로 인하한 것이다.

변동원가만 고려할 경우 3,500원에 팔더라도 오히려 한 그릇당 800원을 남긴다고 볼 수 있다. 한 그릇당 800원만 남길 정도로 가격을 인하하고 대신 매출을 늘려 고정비를 보충하면 그 이후로는 이익을 낼 수 있다고 판단을 한 것이다.

이 때의 손실을 면하는 손익분기점을 따져보자.

변동비율 = 2,700 ÷ 3,500 = 77.14%

월 고정비 합계 = 인건비 200만원 + 임차료 등 100만원 + 감가상각비 200만원 +

이자비용 30만원 = 530만원

월 손익분기점 매출 = 530만원 ÷ (1 − 77.14%) = 23,185,000원

이 가게의 경우 23,185,000원 ÷ 3,500원 = 6,624그릇을 팔면 손실을 면하고 그 이상 팔리는 것은 한 그릇당 800원씩 순이익

이 떨어지게 된다. 따라서 한달 평균 5,000그릇 팔리던 상황에서 가격을 1,500원 인하할 경우 적어도 2,000그릇 이상의 매출신장이 된다면 김선달의 '대동강' 식당은 가격인하로 이득을 보게 된다.

여기서 우리는 단기적인 가격결정에 있어서 고정비는 고려하지 않는 것이 더 바람직하다는 것을 알 수 있다. 왜냐하면 고정비는 가격결정에 적합하지 않은 성질을 갖고 있기 때문이다. 홍길동 가게의 경우 월 고정비는 530만원이다. 따라서 평소와 같이 월 5,000그릇이 판매될 때 한 그릇당 고정원가는 1,060원이다. 여기에 변동원가 2,700원이 합쳐져 한 그릇의 원가가 3,760원이 된 것이다.

그런데 매출이 월 3,000그릇으로 줄었다고 하자. 이 경우 한 그릇당 고정원가는 5,300,000원 ÷ 3,000그릇 = 1,767원이 되어 한 그릇당 원가는 4,467원으로 늘게 된다. 홍길동의 사고방식대로라면 매출이 3,000그릇으로 줄어들 경우 손해를 보지 않으려면 설렁탕 가격을 올려 적어도 4,500원 이상은 유지해야 한다는 얘기가 된다.

반대로 매출이 월 8,000그릇으로 늘어났다고 하자. 이 경우

한 그릇당 고정원가는 5,300,000원 ÷ 8,000그릇 = 662.5원이
되어 한 그릇당 원가가 3,362.5원으로 낮아지므로 가격인하요
인이 발생하게 된다. 이와 같이 단위당(한 그릇당) 고정원가는 매
출이 줄어들면 늘어나고 매출이 늘어나면 줄어드는 성질을 갖
고 있다. 따라서 가격을 결정할 때 고정원가를 고려하면 매출이
줄어들 때 오히려 가격을 인상해야 하고 매출이 늘어날 때 가격
을 인하해야 하는 잘못된 의사결정을 유도하게 되는 것이다.

그렇다고 변동원가에서 1원만 남겨도 팔겠다는 식의 의사결
정은 곤란하다. 이 경우 손익분기점 매출이 워낙 커져 웬만한
매출로는 손실을 면치 못하기 때문이다. 위의 예에서 변동원가
에서 10원만 남기겠다는 생각으로 가격을 2,710원선에서 결정
했을 때 손익분기점 매출을 보자.

변동비율 = 2,700 ÷ 2,710 = 99.63%

손익분기점 매출 = 5,300,000원 ÷ (1 - 99.63%) = 1,432,432,000원

이 경우 월 528,573그릇을 팔아야 손실을 면한다는 결론이 나
오는데 이는 현실적으로 불가능한 매출이다.

따라서 가격을 결정할 때에는 변동원가만 고려하되 손익분기

점 매출이 충분히 달성될 수 있는 가격을 책정해야 할 것이다.
물론 초기의 출혈을 감소하면서 시장점유율을 높이는 전략이라
든가, 비용보다 훨씬 더 높은 가격을 책정하는 명품 가격 전략
같이 실전에 만나게 되는 경영전략의 문제는 차원이 다르다. 하
지만 중요한 것은 '손익분기점'을 설정할 때 원가를 따지는 법
을 모른다면 눈앞의 장사에 급급해 진짜 사업을 할 기회조차 잃
어버릴 수 있다는 것이다.

사업의 기본, 거래처 금전거래

우리 속담에 열 놈이 지켜도 한 놈의 도둑을 못 당한다는 말이 있다. 아무리 지켜도 도둑이 훔치려고 마음만 먹으면 당할 수 없다는 뜻이다. 그러나 때로는 한 명의 똑똑한 사장이 열 도둑을 막는 수도 있다. 처음부터 나쁜 마음을 갖는 사람은 없다. 대개 사람들은 눈앞에 일확천금의 뻔한 수단이 보이거나, 정말 어쩔 수 없는 상황에까지 몰렸을 때 나쁜 마음을 갖게 된다. 채권·어음·수표에 관련된 부정도 여기서 벗어날 수 없다. 회사의 불확실한 관리가 도둑을 만들고 부정을 발생시킨다.

1만원짜리 지폐는 눈을 부릅뜨고 간수하면서

어음·수표 용지는 허술하게 관리하는 경영자가 의외로 많다.

그러나 그 쪽지에 10억원을 기재하고 인감을 찍으면 10억원이 되는 것이다.

채권관리를 못하면 흑자도산이다

어느 업체를 방문했을 때의 일이다. 매출액에 비해 외상매출금이 지나치게 많길래 경리담당자에게 거래처별로 외상매출금을 정리한 장부를 보여달라고 했더니 경리부에는 없으니 영업부에 가보라는 것이다. 영업부에는 경리담당자의 말대로 거래처별로 외상매출금을 정리한 장부가 있었다. 그런데 문제는 경리부에 있는 외상매출금 잔액과 영업부에 있는 외상매출금 잔액이 일치하지 않는다는 점이었다.

경리부의 외상매출금 잔액이 영업부의 잔액보다 무려 3억원이나 많았다. 이게 어찌된 일인가? 그래서 경리부와 영업부가

협력하여 차이의 내역을 뽑아보라고 했다. 경리부와 영업부 담당자는 며칠 동안의 작업 끝에 차이 내역을 정리했는데, 그 결과가 가관이었다.

차이 내역을 뽑긴 뽑았는데 그 원인을 아무도 모르는 것이다. 심지어는 벌써 오래 전에 도산하여 없어진 거래처가 아직까지 기재되어 있었다. 차이의 원인이 무엇인지, 또 언제 발생한 외상매출금인지를 알아야 거래처에 수금을 해달라고 요구할 것이 아닌가? 만약 거래처에서 외상으로 물건을 산 일이 없다고 잡아떼면 무슨 근거로 권리를 주장할 것인가? 결국 3억원의 차액은 장부상으로만 자산이지 사실상 자산가치가 없는 것이다. 이건 당연한 결과이기도 하다. 그 회사는 설립된 지 10년이 지났는데도 그 동안 한 번도 경리부에서 외상매출금을 거래처별로 정리한 적이 없다고 한다. 그러니 다음과 같은 영업부의 행동을 통제할 수 없었던 것이다.

첫째, 영업사원이 A거래처의 외상매출금 5백만원 중 1백만원을 수금하고 경리부에 입금시키지 않고 착복했을 경우 경리부의 외상매출금 잔액은 5백만원이지만 A거래처의 장부상 잔액은 4백만원이 된다. 경리부가 주기적으로 A거래처의 경리담당자와 연락해서 외상매출금 잔액을 확인했다면 이런 사실은 금방 발각되었을 것이다. 그러나 A거래처에 대한 외상매출금이 얼마인지 정리가 안 된 상태에서 어떻게 외상매출금 잔액을 확인할 수 있겠는가? 반면 영업사원은 거래처와 주기적으로 외상매출금 잔액을 확인해야 하기 때문에 자신의 장부에는 사실상의 외상매출금을 기대하게 된다.

둘째, 외상거래처가 부도났을 때 상사의 질책이 두려워 이를 숨기는 경우이다. 이 역시 사장의 측근인 경리부에서 거래처별 외상매출금 잔액을 모르니 부도가 나더라도 제때 발견할 수 없을 것이다. 그래서 이미 몇 년 전에 파산하여 없어진 거래처의 이름이 장부에는 버젓이 남아 있게 되는 것이다.

당시 그 회사는 당기순이익이 1억원 정도였다. 예상보다 좋은 실적이라고 사장은 좋아하고 있었다. 자산가치가 없는 3억원을 제대로 장부에 반영하면 오히려 2억원이 손실인데도 말이다.

이와 같이 채권관리를 잘못해서 손익계산서상으로는 분명히 이익인데 내실을 들여다보면 손실인 회사가 의외로 많다. 이런 문제점을 조기에 발견하면 다행이지만 오랫동안 발견하지 못하고 누적된다면 장부상으로는 이익인데도 도산할 수도 있다. 이

것이 소위 '흑자도산'의 전형적인 예이다.

거래처별로 외상매출금을 관리한다

효과적인 매출채권 관리의 첫 단계는 거래처별 외상매출금 현황을 정확히 파악하는 일이다. 이를 위해서 거래처별 외상매출금의 증감현황을 한눈에 볼 수 있는 외상매출금 관리대장이 필요하다.

외상매출금 관리대장을 통해 외상매출금을 정확히 관리하려면 우리 회사의 외상매출금 관리대장의 잔액과 거래처에서 정리한 잔액을 정기적으로 상호대조하는 것이 바람직하다. 정확히 기재했다면 서로 일치하는 것이 정상이지만 현실적으로 차이가 나는 경우가 많기 때문이다. 차이의 원인은 대개 다음과 같다.

첫째, 경리직원의 기재오류, 또는 기재누락에 의한 경우이다. 경리직원이 1,000,000원 회수한 것을 100,000원으로 기재하거나, A상사에서 회수한 것을 B상사한테 회수한 것으로 기재하거나, 기재 자체를 아예 안 한 경우를 들 수 있다.

둘째, 선수금과 외상매출금과의 관계를 혼동하여 기재하는 바람에 상호일치하지 않는 경우도 있다. 예를 들어 A상사에 100만원의 상품을 팔기로 계약하고 1월 5일에 먼저 10만원을 선수금으로 받았으며, 1월 10일에 물건을 납품했는데 그 대금은 2월 10일에 받기로 했다고 하자. 이 경우 1월 10일 물건을 납품할 때 매출액에서 선수금을 뺀 금액인 90만원을 외상매출금으로 계상해야 하는데 매출액 100만원을 그대로 외상매출금으로 계상하는 오류를 범하기 쉽다.

셋째, 영업부 직원이 거래처에서 직접 수금을 할 때 의도적으로, 또는 실수로 수금상황을 보고하지 않는 경우이다. 예를 들어 보자. 영업부 직원 갑은 오늘 거래처에 방문해서 100만원을 수금했다. 마침 방문한 거래처 근처에서 친구와 약속이 있어 회사에 들르지 않고 곧바로 퇴근하여 친구와 어울렸고, 술김에 거래처에서 수금한 돈을 모두 써버렸다. 다음날 회사에 출근한 갑은 월급을 받으면 메울 생각으로 전날 거래처에서 수금한 사실을 숨겼다. 이런 일은 현실적으로 심심치 않게 벌어지는 일들이다. 갑의 경우 이런 일이 한 번으로 끝나면 다행이지만 몇 번 계속될 경우에는 감당하지 못할 정도로 금액이 커지고 급기야는 공금횡령죄를 범하게 되는 것이다.

　이처럼 거래처별 외상매출금 관리대장을 통해 잔액을 정확히 파악하는 일은 효과적인 매출채권 관리를 위해서 필수적일 뿐 아니라 앞으로 발생할지도 모르는 부정을 사전에 막는 효과도 있으니 주기적으로 외상매출금 관리대장을 체크하는 것이 좋다.

불량거래처와
우량거래처를
구분하는 방법

매출채권회전율은 매출채권이 얼마나 빨리 회수되는지를 나타내는 지표이다. 보통 매출액을 매출채권으로 나누어 계산하는데 이 수치가 높으면 높을수록 매출채권이 빨리 회수되는 것이라 볼 수 있다. 예를 들어 연간매출액이 1억원이고 매출채권 평균잔액이 2천만원이라면 매출채권회전율은 5회가 된다. 이는 매출채권의 평균회수일수가 73(365÷5)일임을 나타낸다. 풀어서 말하자면 외상으로 매출하고 평균 73일만에 대금을 회수한다는 뜻이다.

만약 매출채권회전율이 6회라면 매출채권의 평균회수일수가

60.8(365÷6)일로 낮아짐을 알 수 있다. 따라서 매출채권회전율이 동종업계 평균치보다 떨어지거나 전년도보다 떨어졌을 경우 영업사원을 독려해야 할 것이다.

거래처별 외상매출금 관리대장이 잘 정리되어 있다면 거래처별로 매출채권회전율도 구할 수 있다. 이렇게 거래처별 매출채권회전율을 구해두면 이를 바탕으로 대금결제 상태가 양호한 거래처(매출채권회전율이 높은 거래처)와 대금결제 상태가 불량한 거래처(매출채권회전율이 낮은 거래처)를 구분할 수 있을 것이다. 이때 이들 사이에 납품단가에 차별성을 두는 등의 조치를 취한다면 매출채권회전율을 높이는 효과를 거둘 수 있다. 말하자면 단가가 100원인 제품을 매출채권회전율이 높은 갑상사에게는 5원을 할인해주고, 매출채권회전율이 낮은 편인 을상사에게는 3원을 할인해 주는 등의 조치를 취할 수 있다는 얘기다.

한편, 계속 거래하는 거래처가 아닌 경우 그때그때 외상매출금의 회수를 촉진하기 위해 외상매출금 자체를 할인하는 방법도 있다. 예를 들어 3개월 후에 받기로 하고 외상으로 물건을 1,000만원어치 주었는데, 만약 1개월 내에 외상대금을 결제한다면 5%를 할인해 주는 식이다. 이 경우 자금의 여유가 있는 거

래처에서는 금리를 계산해서 2개월 먼저 결제를 하고 5%를 할
인받는 것이 유리하다고 판단되면 외상매출금을 빨리 상환하려
할 것이다.

거래처의 신용을 스스로 평가해 보자

불경기로 부도율이 급증하
면서 외상거래를 기피하는 현상이 점차 확산되고 있다. 물론 현
금거래만 한다면 돈을 떼일 염려가 없어 좋기는 하겠지만 당장
현금이 부족한 거래처와의 매출이 급격히 줄어들 것이므로 외
상거래처의 신용을 정확히 평가해서 외상거래 여부를 결정하는
것이 좋다.

외상거래처의 신용을 평가하는 기법으로 회사의 지불능력을
가장 잘 나타내는 지표인 유동비율과 당좌비율을 이용하는 방
법을 들 수 있다. 이에 대한 자세한 설명은 앞서 끝냈으니 이번
에는 거래처의 신용도를 평가하는 보조적인 지표로 활용되는
매입채무 대 재고자산비율에 대해 알아보자.

매입채무 대 재고자산비율은 매입채무를 재고자산으로 나눈

뒤 100을 곱한 지수이다. 물론 여기서 매입채무는 외상매입금과 지급어음을 합한 것이다.

일반적으로 매입채무 대 재고자산비율이 낮을수록 신용상태가 좋다고 평가된다. 왜냐하면 이 비율이 낮을수록 매입채무에 비해 재고자산이 많다는 것을 나타내기 때문이다.

예를 들어 외상거래처가 부도났을 경우 대부분의 회사에서는 먼저 자기가 납품한 물건을 회수하려고 노력한다. 이때 거래처가 보유한 재고자산이 매입채무보다 많을 경우 외상대금 등을 회수하는 데 큰 문제가 없겠지만 그렇지 않을 경우에는 외상대금을 상당부분 회수하지 못하게 된다. 따라서 매입채무 대 재고자산비율이 낮은 회사일수록 유사시에 매입채무를 회수할 가능성이 높다고 평가되는 것이다.

그러나 차후에 이런 평가를 하는 것보다 더 나은 방법은 처음부터 거래처별로 여신한도를 설정하고 여신한도를 초과하는 외상매출은 원칙적으로 금지하는 것이다. 또한 여신한도의 일정비율만큼 담보를 제공받는 것도 중요하다. 담보는 부동산담보가 가장 확실하지만 여의치 않을 경우 임차보증금이나 기타의 자산을 담보로 제공받을 수도 있다. 여신한도와 담보금액을 결

정할 때는 거래처의 실적과 신용등급에 따라 차등을 두는 것이

바람직하다.

외상매출도 매출이니까 무조건 팔고보자는 식으로 회사를 운영했다가는 빛도 보기 전에 망하기 쉽다.

예를 들어 두 달 후에 결제하는 조건으로 1,000만원어치의 외상주문이 들어왔다고 하자. 이 물건의 원재료 가격은 800만원인데 원재료 역시 두 달 후에 결제하는 조건으로 외상으로 구입할 수 있다면 외상으로 팔아도 큰 무리는 없을 것이다.

그런데 원재료 구입액의 50%인 400만원은 현찰로 지급해야 한다거나 한 달 후에 결제해야 한다면 자금사정을 봐가며 외상주문을 받을 것인지 말 것인지를 판단해야 한다. 그런 조건을 생각지 않고 무조건 외상으로 물건을 팔았다가는 전자의 경우 당장 이 달에 400만원의 자금이 부족할 것이고 후자의 경우 한 달 후면 800만원의 자금이 부족해질 것이기 때문이다.

지금 들어온 외상주문을 받을 것인지 말 것인지를 판단하기 위해 우선 회사에서 필요로 하는 고정자금을 구해야 하는데 고정자금을 구하기 위해서는 우선 자금고정기간을 구해야 한다. 자금고정기간이란 회사의 자금이 묶여 있는 기간을 의미하는데, 도소매업의 경우 자금이 묶여 있는 기간은 ① 구입한 상품이 창고에 들어와서 판매되어 반출되기까지의 기간에 ② 외상으로 판매된 대금이 현금으로 회수되기까지의 기간을 합한 것이다.

①의 기간을 평균재고기간이라고 하는데, 다음의 산식으로 구한다.

평균재고기간 = (상품재고액 ÷ 매출액) × 365일

②의 기간은 평균회수기간이라고 하는데, 다음의 산식으로 구한다.

평균회수기간 = (외상대금잔액 ÷ 매출액) × 365일

그런데, 상품을 외상으로 구입하였다면 ③ 외상으로 구입한 날에서 부터 외상대금을 지불하기까지의 기간은 위의 자금고정기간에서 빼야 한다.

③의 기간은 평균지불기간이라고 하는데, 다음의 산식으로 구한다.

평균지불기간 = (외상구입대금잔액 ÷ 매입액) × 365일

결국, '자금고정기간 = 평균재고기간 + 평균회수기간 − 평균지불기간'의 산식으로 구하는 것이다.

만약, 자금고정기간이 1달 정도로 계산되었다면, 회사가 A상품 100만원어치를 외상으로 구입하여 150만원에 외상으로 판매하고 외상 판매대금을 회수하여 100만원 외상매입대금을 갚아 50만원을 남기는 거래의 사이클에서 돈이 묶이는 기간이 1달임을 뜻한다. 이 경우, 평균 한 달 동안 돈이 묶이므로 한 달 간 매출액 정도는 외상거래에 필요한 고정자금으로 갖고 있어야 한다. 고정자금은 자금고정기간을 1년 365일로 나누고 이에 연간 매출액을 곱하여 계산하는데, 산식으로 표현하면 다음과 같다.

고정자금 = 연간매출액 × (자금고정기간 ÷ 365일)

예를 들어보자. 갑회사는 연간매출액이 1억원, 외상매출금 잔액이 500만원, 받을어음이 500만원, 연간구입액이 7,000만원, 외상매입금 잔액이 400만원, 지급어음 잔액이 400만원, 상품재고액이 1,000만원이다.

평균재고기간	(1천만원 ÷ 1억원) × 365일 = 36.5일
평균회수기간	{(5백만원 + 5백만원) ÷ 1억원} × 365일 = 36.5일
평균지불기간	{(4백만원 + 4백만원) ÷ 7천만원} × 365일 = 41.7일
자금고정기간	36.5일 + 36.5일 − 41.7일 = 31.3일
고정자금	1억원 × (31.3 ÷ 365) = 약 860만원

이 회사의 경우 고정자금이 860만원이므로 운전자금(유동자산 − 유동부채)이 이 금액보다 많아야 추가로 외상매출을 할 여유가 생기는 것이다.

만약 회사의 운전자금이 1,000만원이고 100만원의 외상주문이 들어왔다면 어떤 의사결정을 내려야 하는가? 100만원의 매출액에 대한 원가가 80만원이라고 하면 추가로 필요한 고정자금은 80만원×(1+(31.3÷365))=약 87만원이 된다. 따라서 총고정자금 860만원+87만원=947만원보다 현재의 운전자금이 많으므로 이 외상주문에는 응해도 될 것이다.

한편, 운전자금이 고정자금보다 적다면 외상매입금의 지불기간을 늘이거나 재고자산을 줄이는 등의 방법으로 고정자금을 줄여야 할 것이다.

어음·수표 관리부실은 사장 책임이다

'재벌 계열사 경리과장이 3년간 973억여원 상당의 회사 약속어음을 무단발행해 할인받는 수법으로 이 중 214억원을 유용한 뒤 미국으로 도주한 사실이 검찰에 적발됐다. 서울지검 조사부(김희선 부장검사)는 13일 H인포메이션 시스템 전경리과장 박상규 씨 등과 공모, 박씨가 유용한 회사 공금을 넘겨받아 강남 룸살롱 등에 투자, 은닉하고 박씨에게 해외 도피자금을 제공해 준 유제원 씨(41)를 증거은닉 등 혐의로 구속했다. …중략…. 검찰에 따르면 박씨는 대표이사 인감 등을 도용, 지난 1995년 4월부터 회사 약속어음 938억원 상당을 발행, 지난 1월까지 사채시장 등에서 할인한 뒤 유용해 왔으며 4개 시중은행 및 2개 종금사 등 휴면 계좌에서 유용한 자금을 관리해 온 혐의다. 박씨는 발행한 약속어음 만기일이 도래하면 어음을 다시 발행, 할인받아 현금을 채워넣는 방법으로 회사 공금을 유용해 왔으며, 유씨는 박씨로부터 넘겨받은 공금으로 강남 G호텔 지하 룸살롱에 투자해 온 것으로 드러났다. …중략…. 유씨는 또 박씨 등 2명이 미국으로 도주한 지난 1월 17일 김포공항에서 박씨로부터 가짜세금계산서철, 위조약속어음, 은행별 입출금내역서, 예금통장 등을 받아 승용차에 숨겨 범행증거를 은닉해 왔다.'

이는 1998년 5월 14일자 모일간지에 난 기사의 내용이다. 기사의 내용으로 추정한 사건의 내막은 이렇다. 경리과장 박씨는 H회사에서 어음, 수표의 발행을 담당했을 것이다. 회사는 대개 외상으로 물건을 구입한 대금을 결제할 때 어음을 발행하므로, CP가 아닌 한 세금계산서가 첨부되어 발행된 진성어음만이 금융기관에서 할인받을 수 있다. 이러한 사실을 잘 알고 있었던 박씨를 유씨를 통해, 또는 스스로 가짜 세금계산서를 구입했을 것이다. 아니면 아예 유령회사를 세워 그 회사의 명의로 세금계산서를 발행했을지도 모른다. 이렇게 가짜 세금계산서를 첨부하여 1억원의 어음을 무단으로 발행했다. 어음을 발행하려면 회사의 인감이 필요한데 회사의 인감을 수시로 써야 하는 위치에 있는 박씨는 인감이 어디에 보관되어 있는지 잘 알고 있었으므로 이를 도용하는 데 그다지 큰 어려움은 없었을 것이다.

이렇게 해서 발행한 회사의 어음은 금융기관이나 사채시장을 통해 할인받아 현금으로 만들 수 있다. 그런데 무단으로 발행한 어음이 만기가 되어 당좌통장에서 결제되면 무단으로 어음을 발행한 사실이 발각될 수 있다. 따라서 박씨는 처음에 발행한 어음이 결제되기 직전에 또 다른 어음을 무단으로 발행해서 할인받은 다음 그 돈으로 결제를 하는 수법을 쓴 것이다.

예를 들어 최초에 무단으로 발행한 어음의 만기일이 5월 30일이고 5월 29일에 만기 3개월짜리 어음을 또다시 발행해서 할인받은 후 결제를 메웠다면 두 번째 발행한 어음이 만기가 되는 8월 29일까지는 통장상으로는 돈이 부족하지 않으므로 무단으로 어음을 발행한 사실을 알아내기가 쉽지 않은 것이다. 이와 같은 방법을 쓴다면 무단어음을 여러 장 발행할 수 있다. 6월 1일부터 10일까지 매일 한 장씩 무단어음을 발행했는데 그 만기일이 3개월이라고 하자. 그렇다면 만기일이 9월 1일부터 10일까지가 되므로 8월 31일부터 매일 또 다른 무단어음을 한 장씩 발행하여 메워 나간다면 역시 통장상 금액이 부족하지 않게 된다.

따라서 이론적으로 본다면 최초로 발행한 무단어음이 만기일이 100일이라면 99일 동안 매일 다른 무단어음을 발행할 수 있고, 최초로 발행한 무단어음의 결제일의 전일부터 또 다른 무단어음을 발행하여 하나씩 메워 나간다면 역시 당좌통장의 금액은 구멍이 나지 않게 되는 것이다. 이런 방법으로 박씨는 그 동안 973억원어치의 어음을 무단으로 발행해서 그 중 214억원을 착복할 수 있었던 것이다. 어음·수표의 관리가 허술할 경우 어떤 결과가 초래되는지 단적으로 보여주는 사건이었다.

회사가 당좌거래은행에서 받아오는 어음·수표 용지는 현금과 마찬가지다. 1만원짜리 지폐는 눈을 부릅뜨고 간수하면서 어음·수표 용지는 허술하게 관리하는 경영자가 의외로 많다. 그냥 종이쪽지로 보이는 모양이다. 그러나 그 종이쪽지에 10억원을 기재하고 회사의 인감을 찍으면 10억원이 되는 것이다. 1만원과는 비교도 안 되는 큰 액수의 돈이다.

어음·수표를 발행할 때 사용되는 회사 인감도장은 CEO가 직접 관리하는 것이 좋다. 직접 관리하는 것이 곤란하다면 어음·수표용지와 인감도장은 각각 다른 사람에게 관리시키되 인감도장은 CEO가 오른팔처럼 신뢰하는 임원에게 관리시켜야 한

다. 그리고 어음·수표 발행내역은 CEO가 직접 수시로 체크하
여야 한다.

어음용지를 수령한 후 고의적으로 누락한 경우

어음은 한 권당 20매로 되어 있고 수표는 한 권당 10매로 되어 있다. 그런데 어음·수표용지를 두 권이나 그 이상을 수령한 후 한 권을 몰래 빼돌려서 무단으로 발행한다면 어떻게 할 것인가?

예를 들어 은행에서 두 권의 어음용지를 수령한 후, 한 권을 빼돌리고 어음용지수불부에는 이를 누락시켰다고 하자. 나머지 한 권을 정상적으로 발행대장에 기록하여 회사의 결제자금에 사용하는 한편, 나머지 20매를 무단발행하였다.

만약 4월 1일부터 20일까지 매일 1억원짜리 어음을 한 장씩 발행하여 10%의 할인율로 할인할 경우, 20일만에 20억원어치의 무단어음이 발행되고 경리직원은 18억원을 횡령하게 되는 것이다. 이 횡령사실은 최초로 발행한 어음의 만기일까지는 발각되기 힘들다. 왜냐하면 어음수불부와 어음발행대장에 동시에 누락되었기 때문이다. 따라서 무단발행한 경리직원은 대부분 만기일이 돌아오는 7월 1일 이전에 잠적을 하게 마련이다.

이런 부정을 방지하기 위해서는 정기적으로 어음·수표용지 교부내역서를 받아 어음수불부와 대조해 봐야 한다. 위의 사례에서 만약 은행에서 어음·수표용지 교부내역서를 받았다면 20매가 사라진 사실을 사전에 적발할 수 있을 것이다.

어음용지를 폐기했거나 담보로 제공한 것처럼 꾸몄을 경우

앞의 사례는 대개 잠적할 작정을 하고 부정을 저지르는 경우인데, 계속 회사에 근무하면서 조금씩 부정을 저지르는 경우도 있다. 어음을 발행하다 보면 기재를 잘못해서 폐기하는 경우가 종종 발생한다. 이런 사실을 이용해서 멀쩡한 어음용지를 어음발행대장에 폐기한 것으로 기재한 후 이를 빼돌려서 무단으로 발행하는 경우도 있다. 또한 빈 어음용지를 금융기관에 담보로 제공하는 것을 이용하여 어음발행대장에 담보로 제공한 것처럼 기재한 후 빼돌리기도 한다.

이런 부정을 방지하기 위해서는 폐기된 어음용지는 항상 은행에 반납한 후 반납확인증을 받아오도록 해야 하고, 담보로 제공된 어음용지는 보관중인 금융기관에서 보관증을 받아오도록 해야 한다. 만약 반납확인증이 없는 폐기된 어음을 찢어서 쓰레기통에 버렸다든지, 보관증이 없는 담보로 제공된 어음에 대하여 보관증을 나중에 받아오겠다며 차일피일 미룰 경우에는 한 번 의심을 해볼 만하다.

발행액수를 속였을 경우

발행대장에는 발행금액을 100만원으로 기재하고 실제로는 1,000만원짜리 어음을 발행하여 할인받은 후 거래처에는 현찰로 결제해주고 나머지를 착복하는 경우도 있다.

이와 같이 금액을 속인 것은 어음수표발행에 관련된 장부에서 발견하기 힘들고 결제할 때 당좌통장을 확인하는 수밖에 없다. 당좌통장을 보면 어음이 결제되어 돈이 빠져나가면 어음번호가 통장에 기재된다. 따라서 발행대장과 당좌통장을 비교해서 확인하면 발행대장상의 금액과 결제금액의 차이를 확인할 수 있다. 당좌통장의 결제를 확인하는 과정에서 어음용지수불부나 어음발행대장에 기재되지 않는 번호의 어음이 결제된 것이 발견되는 경우가 있는데 이는 어음발행검토표를 작성하는 과정에서 빠뜨린 부분을 추가로 발견하는 것이다. 따라서 당좌통장을 검토하는 것은 이중으로 어음수표발행을 통제하는 효과가 있다.

가짜 세금계산서를 통해 착복하는 경우

지급어음은 외상으로 구입한 물건대금을 지불하기 위해 발행하는 것이기 때문에 물건을 구입할 때 거래처에서 받은 세금계산서가 첨부되어야 발행할 수 있다. 따라서 가짜 세금계산서를 구입한 후 정상적인 결제과정을 밟아 어음을 발행하는 경우도 있다. 경리부의 업무가 철저히 분장된 규모 있는 기업의 경우에는 이런 문제가 그다지 많이 발생하지는 않으나 소규모 기업에서 어음발행을 한 사람이 전담할 경우 이런 문제는 언제든지 발생할 수 있다. 이런 부정은 거래처 명단을 통해 통제하는 수밖에 없다. 어음으로 결제할 정도라면 고정거래처거나 거래금액이 제법 큰 거래처일 것이다. 따라서 이런 거래처는 거래처 명단을 작성해서 거래처 명단에 기재되지 않은 회사에 지급되는 어음은 구매담당자에게 직접 확인해 보도록 한다.

열 명의 경찰이 한 명의 도둑을 잡기 힘들다는 말이 있듯이 위에서 설명한 조치대로 아무리 부정을 막는다고 해도 100% 방지할 수는 없겠지만, 고양이에게 생선을 맡기는 어리석음은 면할 수 있다. 고양이 앞에 생선을 무방비로 방치해 둔다면 고양이는 당연히 생선을 먹게 된다. 그렇다고 생선을 먹은 고양이만 나무랄 수는 없다. 고양이 앞에 생선을 방치해 둔 사람의 잘못도 크기 때문이다. 현금이나 마찬가지인 어음·수표용지를 직원에게 맡겨둔 후 아무런 통제를 하지 않는 것은 고양이 앞에 생선을 무방비로 방치해 두는 것과 마찬가지로 어리석은 일이라는 것을 명심해야 한다.

효과적인 세금 관리를 위한 8계명

세금을 내는 사람은 항상 세금이 너무 많은 것 같아 세금을 적게 내고자 하는 욕구가 생기게 마련이다. 특히 세금과 씨름을 해야 하는 사업자의 경우에는 더욱 그렇다. 그러나 세금을 줄이는 일이 그렇게 간단하지만은 않다.

손쉽게 세금을 줄이려는 사람은 대개 매출을 누락시키거나 가짜 영수증으로 가공의 비용을 만드는 방법을 쓴다. 이 방법이 손쉽긴 하지만 이것은 명백한 탈세다. 걸리지 않으면 별문제가 없지만 5년마다 주기적으로 세무조사를 하는 조세행정관행에 비추어 볼 때, 걸리지 않기를 바라는 것은 아무래도 무리일 것이다. 탈세는 한 번 걸리면 회사에 엄청난 타격을 가져온다. 따라서 일이년 사업하다 말 것이 아니라면 이런 방법은 바람직하지 못하다.

세금 때문에 억울해하는 사업자들을 보면 의외로 상식을 지키지 않아 세금을 추징당하는 경우도 많다. '기본적인 것만 지키면 적어도 억울한 세금은 면할 수 있을 텐데' 하는 아쉬움이 남는다. 억울한 세금을 면할 수 있는 기본적인 사항 몇 가지를 알아보자.

세금은 매출에서 회사를 운영하는 데 들어간 비용을 뺀 금액을 기준으로 매긴다. 따라서 비용으로 인정받을 수 있는 금액을 놓치지 않는 것이 절세의 기본이다. 회사의 비용 중 가장 큰 부분을 차지하는 것이 인건비인데, 인건비를 비용으로 인정받으려면 매월 급여를 지급할 때 갑근세(갑종근로소득세의 준말)를 원천징수하여 다음달 10일까지 세무서에 납부해야 한다.

예를 들어 월급이 100만원인 직원이 납부해야 할 갑근세가 5만원이라면 직원에게 95만원만 지급하고 5만원은 급여지급일이 속하는 달의 다음 달 10일까지 세무서에 납부해야 한다. 은행예금에 대한 이자를 받을 때 은행에서 이자에 대한 소득세를 미리 떼고 차액만 지급하는 것과 마찬가지다.

직원의 월급에 대한 갑근세를 원천징수하지 않는다면 인건비를 지급했음에도 불구하고 이를 비용으로 인정받지 못할 수 있으므로 이에 각별한 주의를 기울여야 한다. 매월 얼마를 원천징수해야 하는지는 직원의 월급 수준과 가족현황에 따라 달라지는데 그 금액은 '간이세액조견표'를 보면 구체적으로 나와 있다.

한편 갑근세를 원천징수할 때 세금을 덜 내는 방법을 찾는다면 사실상 임금인상의 효과를 보게 되어 사원의 사기를 높일 수 있을 것이다. 예를 들어 급여가 100만원인 사원에게 5만원을 원천징수해서 95만원을 지급하다가 세금을 줄여 3만원만 징수해도 된다면 그 사원이 실지로 수령하는 돈은 97만원으로 늘어나게 된다. 이 경우 회사가 추가로 부담하는 돈은 없지만 사원은 2만원을 더 받기 때문에 임금이 인상된 기분을 느끼게 된다. 갑근세를 절약할 수 있는 방법을 찾아보면 다음과 같다.

　첫째, 자가용을 소유한 사원에게 지급하는 자가운전보조금으로서 월 20만원 이하의 금액은 근로소득세가 비과세된다. 따라서 100만원의 급여를 지급받는 사원에게 그 중 20만원을 자가운전보조금 명목으로 지급한다면 실제로 근로소득세가 과세되는 급여는 80만원에 불과하므로 세금이 줄어들 것이다. 단 이 경우 시내출장의 업무에 사원이 자기소유의 차량을 이용하고 별도의 교통비를 지급받으면 안 된다.

　둘째, 월급여가 100만원 이내인 생산직 근로자가 지급받는 야근수당, 특근수당, 휴일근로수당 등은 연간 240만원 이내의 범위 내에서 비과세된다. 따라서 이런 수당을 지급할 때 월급에서 제외하여 갑근세를 계산해야 세금이 절약되는 것이다.

부가가치세를 이해해야 한다

사업자의 경우 매분기마다 부가가치세를 신고납부해야 한다. 그런데 많은 경영자들은 부가가치세를 납부할 때마다 마치 자기 돈이 나가는 것인 양 매우 아까워한다. 그래서 부가가치세를 덜 내려고 허위의 매입세금계산서를 구입하기도 한다. 부가가치세는 (매출액 × 10%) − (매입세금계산서상의 매입액 × 10%)의 식으로 계산하므로 매입세금계산서상의 매입액이 많을수록 납부해야 할 부가가치세가 적어지기 때문이다.

　그런데 허위의 세금계산서를 구입해서 부가가치세를 탈세하는 것은 가장 질이 안 좋은 행위로 간주되어 이 사실이 과세관청에 발각되면 매우 강도 높은 세무조사를 받게 되는데, 그 결과는 대개 회사의 운명을 좌우할 정도이다. 결국 부가가치세를 아끼려는 작은 욕심이 몇 년 동안 공들여 세운 탑을 하루아침에 무너뜨리게 되는 것이다.

부가가치세를 납부하는 사업자는 과연 억울한가? 그렇지 않다. 왜냐하면 부가가치세를 납부하는 사람은 사업자지만 부가가치세를 실질적으로 부담하는 사람은 소비자이기 때문이다. 다음 표에서 부가가치세의 흐름을 보면 이해할 수가 있을 것이다.

사업자별 부가가치세액

	제조업자	도매상	소매상	소비자
매출액	100	200	300	
매출세액	10	20	30	
매입액		100	200	300
매입세액		10	20	30
납부세액(매출세액 – 매입세액)	10	10	10	

제조업자는 도매상에 제품을 100원에 팔면서 부가가치세 10원을 함께 징수한 후 이를 세무서에 납부한다. 여기서 제조업자가 납부한 부가가치세 10원은 도매업자의 호주머니에서 나온 것임을 알 수 있다. 따라서 제조업자는 도매업자한테 거둔 국가소유의 세금을 잠시 보관했다가 납부한 것이니 억울해 할 이유가 전혀 없는 것이다.

도매상은 제조업자한테 매입한 상품을 소매상에 200원에 팔면서 부가가치세 20원을 함께 징수한 후 제조업자에게 징수당한 10원을 차감한 금액 10원을 납부한다. 도매상이 납부한 부가가치세 10원 역시 소매상의 호주머니에서 나온 것이니 이를 납부하는 것은 억울해할 것 없다. 소매상 역시 소비자에게 300원에 팔면서 부가가치세 30원을 함께 거둔 후 도매상에게 징수당한 20원을 차감한 10원을 납부한다. 소매상이 납부한 부가가치세 역시 소비자의 호주머니에서 나온 국가의 세금일 뿐이다. 반면 소비자는 소매상에게 징수당한 30원의 부가가치세를 어디에서도 돌려받을 길이 없다. 따라서 제조업자, 도매상, 소매상이 각각 납부한 부가가치세의 합계액 30원은 결국 소비자의 호주머니에서 나온 것임을 알 수 있다.

그런데도 많은 사업자가 부가가치세가 일단 자신의 호주머니에 들어왔다가 나가기 때문에 자신이 부담하는 것으로 착각하고 있다. 그래서 허위의 세금계산서를 매입하여 부가가치세를 덜 내려고 하는데, 이는 결국 국가소유의 돈을 착복하는 행위이다. 그러니 그 질이 매우 안 좋게 평가될 수밖에 없지 않은가.

한편 허위의 매입세금계산서를 구입하다 보면 가공의 원가가 발생하게 되어 결국에는 손실이 과대하게 계상되는 경우가 있다. 예를 들어 어느 제조업의 원재료 구입액이 5억원에 불과한데 부가가치세를 덜 내려고 허위의 세금계산서를 3억원어치 구입했을 경우 제조원가가 3억원만큼 과대계상된다. 이는 결국 손실을 3억원 증가시키는 것이다. 손실이 과대하게 계상되면 금융기관이나 기타 거래처의 신용평가가 안 좋아지기 때문에 여러 가지로 곤란을 겪게 된다. 따라서 3억원의 가공의 손실을 줄이기 위해서 기말재고자산을 3억원 늘려잡는 경우가 많다. 결국 재고자산을 조작해서 손실을 줄이는 것은 자기 무덤을 파는 것과 마찬가지다.

금융기관에서 자금을 빌리려는 사업자는 대개 이익을 내기를 원한다. 손실이 난 회사와 이익이 난 회사는 금융기관이 매기는 신용등급에 큰 차이가 있기 때문이다. 그래서 사실상 손실이 난 회사도 회계장부를 조작해서 이익을 내려는 경향이 있다. 가장 손쉬운 방법이 기말재고자산을 늘리는 것이다. 매출원가를 구하는 식을 보면 쉽게 이해가 될 것이다.

매출원가 = 기초재고자산 + 당기매입액(당기제조원가) – 기말재고자산

위의 식을 보면 기말재고자산이 클수록 매출원가를 줄어들어 매출총이익은 늘어나게 된다. 따라서 매출액이 같다면 기말재고자산을 늘릴수록 이익도 늘어나는 것이다. 그런데 이 방법의 함정은 올해 기말재고자산을 늘려 억지로 이익을 냈을 경우 내년에는 그 기말재고자산이 기초재고자산으로 되어 늘어난 금액만큼 오히려 손실을 늘린다는 점이다. 예를 들어 올해의 매출액이 10억원이고 기초재고자산은 1억원이며 당기매입액은 8억원이고 기말재고자산은 1억 5천만원이라고 하자. 이때 매출원가는 1억원 + 8억원 – 1억 5천만원 = 7억 5천만원이 되어 매출총이익은 10억원 – 7억 5천만원 = 2억 5천만원이다. 이익을 늘릴 목적으로 기말재고자산을 2억 5천만원으로 조작하면 매출원가는 6억 5천만원으로 줄어들고 매출총이익은 3억 5천만원으로 늘어난다. 그런데 다음 해 역시 매출액이 10억원이고 매입액과 기말재고자산도 올해와 같다고 치자. 이 경우 정확한 재고자산의 금액에 의하면 매출원가는 1억 5천만원 + 8억원 – 1억 5천만원 = 8억원이 되고 매출총이익은 10억원 – 8억

원 = 2 억원이 된다. 그러나 올해에 늘린 기말재고자산 2억 5천만원이 내년
에는 기초재고자산이 되므로 매출원가는 2억 5천만원 + 8억원 – 1억 5천
만원 = 9억원이 되어 매출총이익은 1억원에 불과하다. 이 때 매출총이익을
올해와 같이 3억 5천만원으로 하려면 기말재고자산을 다시 1억 5천만원만
큼 더 늘리는 수밖에 없다. 그리고 후년에 가면 같은 이익을 유지하기 위해
더 많이 늘려야 한다. 이렇게 몇 년을 반복하다 보면 재고자산이 걷잡을 수
없이 늘어나 장부상의 재고자산금액과 실지재고금액이 몇 배의 차이가 나게
된다. 이때 세무조사가 나오게 되면 그 회사는 거의 문을 닫아야 할 지경에
이른다.

　예를 들어 어느 회사가 위와 같이 몇 년 동안 재고자산을 늘릴 경우, 장부
상의 재고자산은 5억원인데 실제 재고는 2억원어치밖에 없다는 사실이 세무
조사에서 밝혀지면 3억원을 대표이사가 팔아서 개인적으로 착복한 것으로
보아 회사와 대표이사 개인에게 각각 엄청난 세금이 추징된다. 회사에게는 3
억원만큼 비용을 줄여서 세금을 추징하고 대표이사는 3억원을 상여금으로
받은 것으로 갑근세를 추징하기 때문이다. 따라서 재고자산을 조작하여 이익
을 늘리려는 행위는 어떻게든 발각이 되어 대가를 치르게 되는 만큼 절대로
사용해서는 안 된다는 다짐이 필요하다.

실제 예금잔액과 장부상 잔액은 항상 일치시켜야 한다

소규모 기업에 있어서는 대표이사의 개인적인 금융거래에 회사의 통장을 이용하는 경우가 종종 발생한다. 대표이사가 동창회 회장인 경우 동창회비 등을 회사의 통장으로 입금받을 때가 있는데, 이 경우 매출누락으로 오해받을 소지가 있다. 즉 동창회비로 입금된 돈을 매출대금이 입금된 것으로 볼 수 있다는 것이다. 이 경우 역시 대표이사 개인과 회사에게 각각 세금이 추징된다.

만약 어쩔 수 없이 회사의 통장을 이용하여 개인적인 거래를 하게 된다면 이 사실을 회계장부에 반영하여 잔액을 일치시켜야 한다. 예를 들어 동창회비 100만원이 회사통장에 입금되었다면 가수금으로 100만원이 입금된 것으로 입금전표를 끊고 며칠 후 이를 인출할 경우에는 가수금반제로 100만원을 출금한 것으로 하여 출금전표를 끊어야 한다.

한편 실제 예금잔액이 장부상 잔액보다 적을 경우에도 불이익이 생길 수 있다. 예를 들어 통장의 예금잔액은 5천만원인데 장부상 잔액이 1억원일 경우 차액 5천만원은 대표이사가 상여금으로 가지고 간 것으로 간주한다. 따라서 대표이사에게 소득세가 추징되고 회사에도 같은 금액만큼 비용으로 인정하지 않아 세금으로 추징된다. 결국 이중으로 손해를 보는 셈이다.

그러므로 회사통장과 대표이사 개인통장을 엄격히 구분해서 사용하고 회사통장상 예금잔액과 장부상 예금잔액을 항상 일치시키는 것이 좋다.

가지급금 계정을 정리하라

우리나라의 소규모 주식회사는 대표이사 한 사람이 주주인 경우가 많다. 이런 회사는 형태만 주식회사지 내용적으로는 개인 기업이나 다름없기 때문에, 회사 돈과 대표이사 개인 돈이 구분되지 않고 운용되는 경우가 많다.

대표이사가 회사업무와 무관하게 회사 돈을 가져갔을 때 가지급금(주·임·종 단기대여금) 계정으로 처리하는데, 이런 회사는 가지급금 계정의 금액이 많게 된다. 예를 들어 대표이사가 개인적으로 돈이 급해 회사통장에서 100만원을 빼갔을 경우 가지급금 계정이 100만원 늘어나게 되는 것이다. 이런 업무와 무관한 가지급금 계정이 많을 경우 세제상 불이익을 받게 된다. 우선 가지급금에 대해 인정이자를 계산하여 대표이사 개인과 회사에 대하여 이중으로 세금을 추징한다. 대표이사가 가져간 가지급금은 엄밀히 말하면 회사가 대표이사에게 돈을 꿔준 것이다. 회사가 다른 사람에게 돈을 꿔주었다면 이자를 징수하는 것이 정상적인 거래일 것이다. 대표이사가 가져간 가지급금도 회사는 대표이사에게 이자를 징수해야 하는데 이를 징수하지 않았다면 이자금액만큼 대표이사는 회사로부터 부당이득을 취한 것이 되고 회사는 이자금액만큼 수익을 줄인 것이 된다. 따라서 대표이사에게는 이자금액만큼 상여금을 받은 것으로 보아 소득세를 추징하고 회사에게는 이자금액만큼 수익이 늘어난 것으로 보아 법인세를 추징하게 된다. 이러한 개념에게 이자를 계산하는 것이 인정이자이다.

한편 회사가 금융기관 등에서 차입한 대출금에 대하여 지급한 이자는 비용으로 인정되지만 대표이사가 개인적으로 가져간 가지급금이 있을 경우 가지급금이 총차입금 중에서 차지하는 비율에 해당하는 지급이자를 비용으로 인정하지 않는다.

결국 대표이사가 개인적으로 가져간 가지급금이 과다할 경우 3중의 세제상 불이익을 받게 되는 것이다. 따라서 회사 돈과 대표이사 개인 돈을 철저히 구분해서 사용하는 것이 불이익을 면할 수 있는 길이다.

접대비는 가능하면 카드로 사용하라

회사를 운영하다 보면 접대비가 들게 마련이다. 따라서 세법에서는 접대비를 일정한 금액을 한도로 하여 비용으로 인정해주고 있다. 그 한도는 1년에 1,200만원(중소기업은 1,800만원)을 기본으로 인정해주고, 매출액의 크기에 따라 매출액에 1만분의 3에서 1만분의 20을 곱한 금액을 추가로 인정해주고 있다(매출액이 100억원 이하인 경우에는 1만분의 20, 100억원부터 500억원까지는 1만분의 10, 500억원 초과는 1만분의 3을 곱한다).

또한 건당 5만원 이상의 접대비를 신용카드로 사용하지 않으면 비용으로 인정받을 수가 없다. 따라서 접대비는 가능하면 카드로 사용하는 것이 좋다. 신용카드를 사용할 때 법인의 경우는 법인카드를 사용하고 개인사업자의 경우는 대표자 명의의 카드를 사용하는 것이 좋지만, 여의치 않을 경우 직원 개인명의의 카드를 사용해도 무방하다.

사업을 하다 보면 부실채권이나 부도어음이 발생하기도 한다. 부실채권이나 부도어음은 받을 수 없는 돈이므로 이를 손실로 처리해야 한다. 그런데 세법에서는 부도어음이나 부실채권이라고 해서 모두 손실로 인정하는 것은 아니고 일정한 요건에 해당할 경우에만 손실로 인정한다. 우선 외상매출금 등 채권의 경우 상법상 소멸시효가 완성되어야 손실로 인정받을 수 있다.

외상매출금의 경우 소멸시효는 3년이다. 따라서 발생한 지 3년이 지난 외상매출금에 한하여 손실로 처리할 수 있는 것이다. 여기서 주의할 점은 소멸시효가 완성된 해에 손실로 처리해야 한다는 것이다. 예를 들어 2003년 5월에 발생한 외상매출금은 2006년에 소멸시효가 완성된다. 이 외상매출금은 2006년도 결산시에 손실로 처리하는 경우에만 손실로 인정받을 수 있고, 2007년이나 그 이후의 연도에 손실로 처리한다면 손실로 인정받지 못한다.

부도어음의 경우는 부도가 발생한 날부터 6개월이 지나면 손실로 인정받을 수 있다. 부도발생일이라 함은 어음의 지급기일과 금융기관에서 부도확인을 받은 날 중 빠른 날을 말한다. 이 경우에도 어음법의 규정에 의한 소멸시효가 완성된 날이 속하는 연도의 결산까지 손실로 처리해야만 한다. 어음법에 의하면 발행인, 또는 인수인에 대한 소멸시효는 만기일부터 3년이다.

따라서 2003년 5월에 발행한 어음이 2003년 11월에 부도가 발생했다면 부도일부터 6개월이 지난 2004년 5월 이후에는 부도어음을 손실로 처리할 수 있지만 소멸시효가 완성된 날이 속하는 2006년도 이전에 손실로 처리해야 한다는 것이다.

한편 부실채권과 부도어음에 대해서도 부가가치세를 환급받을 수 있다. 외상매출금 등 매출채권은 상법상 소멸시효가 완성된 경우, 부도어음은 부도발생일부터 6개월이 경과한 경우를 대손이 확정된 것으로 보는데, 이 경우 다음의 금액을 대손세액으로 공제해주고 있다. 단, 매출이 발생한 날부터 5년 이내에 대손으로 처리해야 한다.

대손세액 = 대손금액 × (10÷110)

따라서 부실채권이나 부도어음이 발생했을 경우, 이를 그때그때 파악하고 정리해야 세법규정에 따라 손실로 인정받을 수 있으며, 부가가치세도 환급받을 수가 있는 것이다.

사채(私債) 이자는 비용으로 처리하지 않는다

중소기업에게는 금융기관의 문턱이 매우 높다. 그래서 개인에게 사채를 빌려 쓰는 경우가 많다. 그러면 사채이자가 나가게 되는데 이 역시 비용이므로 이자비용으로 처리하는 경우가 대부분이다.

그런데 세법에서는 비록 사실상 지급된 이자라고 하더라도 채권자가 불분명한 이자는 비용으로 인정해주지 않고 있다. 실무적으로는 이자소득세를 원천징수하지 않은 이자는 일단은 채권자가 불분명한 이자로 보아 대부분 비용으로 인정하지 않고 있다.

현실적으로 사채이자를 지급할 때 이자소득세를 원천징수하는 경우는 거의 없다. 따라서 사채이자는 대부분 비용으로 인정되지 않는다는 결론이다. 만약 이자소득세를 원천징수하지 않은 사채이자를 비용으로 처리했을 경우에는 회사의 대표가 상여금으로 가져간 것으로 보아 나중에 대표자 개인에게 근로소득세를 징수하고 회사에 대하여는 별도로 법인세를 징수하게 된다. 그러나 채권자가 누구인지 주민등록표에 의해 밝히고 이자를 지불한 사실을 증명한다면 이자를 비용으로 인정받을 수도 있다. 그렇지만 원천징수를 하지 않았기 때문에 원천징수해야 할 이자소득세(주민세를 포함하여 이자지급액의 27.5%)와 원천징수불이행으로 인한 가산세가 부과된다. 이 역시 만만치 않은 금액이다.

결국 이자소득세를 원천징수하지 않은 사채이자를 비용으로 처리할 경우에는 나중에 비용으로 인정을 받든 안 받든 상당한 불이익이 따를 수 있다. 따라서 사채이자는 아예 비용으로 처리하지 않고 일단 주·임·종 단기대여금으로 처리한 후 별도의 방법으로 차츰 정리하는 것이 현명하다.

재고도 인건비도 적절하게 유지한다

누구나 강조하지만 쉽지 않은 것이 재고관리다. 많은 사람들이 파는 데에는 온갖 방법을 다 짜내면서도 정작 뒷감당을 하는 데에는 머리를 쓰지 않기 때문이다. 따라서 항상 적정선을 유지하는 것이 가장 어렵다. 이것은 인건비 문제와도 닮아있다. 종업원의 입장에서 인건비는 항상 부족한 느낌이 든다. 반면 경영자 입장에서는 인건비가 과다하게 지출되는 것 같다. 그래서 인건비를 둘러싼 경영자와 종업원간의 갈등은 끊이지 않는 것이다. 한편에서는 다다익선多多益善, 다른 한편에서는 소소익선少少益善인 인건비. 서로가 납득할 수 있는 합리적인 책정기준은 없을까? 누구나 고개를 끄덕일만한 적정선은 분명히 있다. 인건비와 재고관리의 합리적인 적정선을 찾아본다.

지나친 재고는 여러 가지로 손해를 입힌다.

자본주의 사회에서 지나친 재고는

부의 상징이 아니라 미련함의 상징이다.

박달재 씨는 현재 매장이 50평 정도 되는 슈퍼마켓을 운영하고 있다. 이 달 말에 결산을 해보니 순이익이 500만원으로, 생각보다 영업성과가 좋은 편이었다. 이 정도로만 계속 장사가 되면 별 걱정이 없을 것 같다. 그래서 이 기회에 마음먹고 자동차도 바꾸고 골프도 배우려고 한다. 장사가 잘 되는데 이 정도의 사치쯤이야…. 그런데 과연 그럴까? 박달재 씨의 재고상태를 추적해 보자.

박달재 씨가 갖고 있는 재고자산 중 채소와 과일 종류가 약 5백만원어치이다. 그런데 그 중 2백만원어치는 썩거나 시들어 제

값을 받지 못할 것 같다. 1백만원어치는 아예 버려야 될 것 같고, 나머지 1백만원어치는 50만원 정도의 헐값에 넘겨도 팔릴지 의문이다. 결국 채소와 과일로 인한 재고손실이 1백5십만원 정도가 되는 셈이다. 박달재 씨가 재고파악을 제대로 하지 않았기 때문에 이 사실을 모를 뿐이다.

한편 장부에 의하면 한 상자당 50만원 하는 양주가 열 상자가 있어야 한다. 그런데 실제로는 여섯 상자뿐이다. 두 상자는 사원이 나르다 깨뜨렸고 나머지 두 상자는 왜 비는지 모른다. 아마도 도난당한 것 같다. 결국 양주로 인한 재고손실이 2백만원인 셈이다. 역시 재고파악을 제대로 하지 않았기 때문에 모를 뿐이다.

슈퍼마켓 근처에 초등학교가 있어 박달재 씨는 유행하는 장난감을 팔기도 한다. 1년 전쯤 초등학생들 사이에 휴대용 게임기가 크게 유행하여 1백만원어치 들여놓았다. 그 중 50만원어치만 팔리고 나머지 50만원어치는 남아 있는데, 이미 유행이 지났기 때문에 요즈음은 거의 팔리지 않는다. 앞으로도 팔릴 가능성이 거의 없는 것 같다. 결국 50만원어치의 휴대용 게임기는 상품의 가치가 거의 없는 셈이다. 이로 인한 재고손실 역시 50만원이지만 박달재 씨가 모를 따름이다.

박달재 씨가 재고파악을 철저히 했더라면 현재 재고로 인한 손실이 4백만원이라는 것을 알 수 있을 것이며, 따라서 순이익은 5백만원이 아니라 1백만원에 불과하다는 사실도 알 수 있었을 것이다. 그렇다면 쉽게 자동차를 바꾸고 골프를 배우겠다고는 못 할 것이다.

이와 같이 재고관리를 잘못할 경우에는 앞으로 남고 뒤로 밑지는 상황이 발생하기 쉽다.

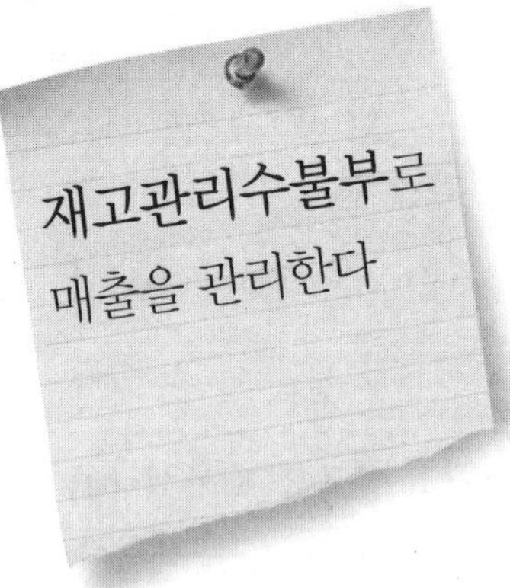

매출원가를 파악한다

매출액이 다 이익이 아니라는 사실은 누구나 알고 있다. 매출액으로는 직원들 월급도 줘야 하고 전기세도 내야 하고 세금도 내야 한다. 그러다 보면 당기순이익은 매출액의 극히 일부분에 불과할 때가 많다. 왜냐하면 재무제표의 '이익'이란 개념은 무려 다섯 종류나 되고, 그중에서도 당기순이익은 가장 마지막 단계의 이익이기 때문이다.

여기서 재고관리와 관련해 특별히 눈여겨볼 개념은 '매출원가'다. 매출원가는 말 그대로 판매한 상품이나 제품의 원가를 말한다. 손님이 20만원짜리 TV를 1만원 깎아달라고 했을 때 전자 대리점 주인이 '이건 18만5천원에 갖고 온 건데 19만원에 팔라고 하면 우리는 뭐가 남습니까?' 라고 한다면(정직한 주인이라고 치고), 18만5천원이 매출원가인 것이다. 여기서 전자 대리점 주인이 1분기 동안 TV 100대를 팔았다고 하자. 그런데 손님들이 깎기도 해서 정가 20만원을 다 못 받은 경우도 많아 매출액은 1,950만원이었다(20만원 × 100대 = 2,000만원). 그렇다면 매출원가는 18만5천원 × 100대 = 1,850만원이다. 이익은 얼마인가?

손익계산서 이익의 단계

1단계	매출액 − 매출원가 = 매출총이익
2단계	매출총이익 − 판매비와 관리비 = 영업이익
3단계	영업이익 + 영업외수익 − 영업외비용=경상이익
4단계	경상이익 + 특별이익 − 특별손실=법인세차감전순이익
5단계	법인세차감전순이익 − 법인세등 = 당기순이익

손익계산서의 1단계 식을 이용하면, 1,950만원(매출액) − 1,850만원(매출원가) = 100만원(매출총이익)이다.

그런데 전자 대리점에서 파는 물건은 TV 한 가지만이 아니다. 냉장고, 전자렌지, 세탁기, 전화기, 비디오, 캠코더, 에어컨 등

수십 가지나 되니 일일이 매출원가를 따진다는 것은 쉬운 일이 아니다. 그나마 전자 대리점은 상품 수가 적고, 판매도 하루에 몇 건 정도다. 대부분의 업종은 상품의 종류가 훨씬 많고, 판매도 하루에 수백 건 이상씩 일어난다.

여기에 상품불량이나 파손, 혹은 도난이 일어나면 매출원가 계산이 더욱 복잡해진다. 그러나 앞서도 말했듯이 매출원가를 정확히 알지 못하면 매출총이익도 정확히 계산하지 못한다.

매출원가를 파악하는 두 가지 방법

그렇다면 어떻게 해야 할 것인가? 매출원가와 매출이익을 산정하는 데 있어서 가장 원시적인 방법은 다음과 같이 물건을 팔 때마다 원가를 적는 것이다.

품목	가격	원가
A과자 한 봉지 판매	1,000원,	원가 800원
B아이스크림 판매	500원,	원가 350원
C라면 판매	1,000원,	원가 700원
매출액 합계	2,500원	
원가 합계		1,850원

그러나, 이와 같은 방법은 취급품목이 단순하고 매출이 하루에 몇 건밖에 일어나는 않는 업종, 앞서 예를 든 것처럼 전자제품 대리점이나 자동차 대리점, 가구 대리점 등에서만 가능한 방법이다. 취급품목이 다양하고 매출이 수시로 발생하는, 대부분의 업종에서는 이 방법으로는 정확한 매출원가를 산출하기가 불가능하다. 따라서 이러한 업종에서는 기말재고조사를 통해 매출원가를 역산하고 있다.

매출원가를 계산하는 방법에는 두 가지가 있다.

첫째, 담당자가 출고되는 상품을 일일이 기재하여 매출원가를 직접 산출하는 방법이다. 그러나 품종이 매우 다양하고 출고량이 많은 업종은 이 방법으로 정확한 매출원가를 산출하기가 어렵다. 업무량이 과중하여 출고담당자가 오류를 범할 경우 이를 효과적으로 포착할 방법이 없으며, 도난, 분실, 감모 등으로 인한 손실을 산정할 수가 없기 때문이다.

둘째, 기말재고조사를 통해 매출원가를 역으로 산정하는 방법이다. 12월 31일 정상적인 일과가 끝나고 전 직원이 창고에 남아 있는 상품재고액을 조사한 결과 2억원어치가 남았다고 하자(이를 기말상품재고액이라고 한다). 그렇다면 기초상품재고액과 당기상품매입액의 합계액 11억원에서 기말상품재고액 2억원을 뺀 금액인 9억원어치의 상품이 출구를 통해 출고되었음을 알 수 있을 것이다. 결국 9억원이 매출원가가 되는 것이다.

좀더 이해를 돕기 위해 다른 예를 들어보겠다.

독자 여러분이 오늘 저녁 동창회 모임이 있다고 가정해 보자. 동창회에 나가려면 10만원 정도의 용돈은 있어야 될 것 같다. 그래서 아내에게 10만원을 받았다. 그런데 어제까지 쓰고 남은 용돈이 1만원이 있다. 그렇다면 동창회에 나갈 때 여러분이 갖고 있는 돈은 모두 11만원이 된다. 동창회에 나가서 쓴 돈의 내역은 이렇다.

동창회비 2만원, 모교 장학금 2만원, 2차 맥주값 3만원, 택시비 1만원, 커피값 5천원, 버스요금 및 지하철 요금 1천5백원으로 합계 86,500원이다. 따라서 잃어버린 돈이 없다면 주머니에 남은 돈을 23,500원일 것이다. 동창회에서 쓴 돈이 얼마인지 계산하는 방법이 두 가지가 있다. 첫째는 위에서 말한 내역별 금액을 일일이 뽑아서 이를 합계하는 방법이다. 두 번째는 이것저것 골치 아프게 내역별로 금액을 뽑을 것이 아니라 11만원을 갖고 나가서 23,500원을 남겨왔으니 11만원 − 23,500원 = 86,500원을 썼다고 계산하는 방법이다. 내역이 간단할 경우에는 전자의 방법을 쓰는 편이 낫겠지만, 내역이 복잡하거나 술에 너무 취해서 기억이 잘 나지 않을 경우에는 전자보다 후자의 방법이 더 유용할 것이다.

여기서 아내에게 용돈받기 전에 주머니에 남은 1만원이 바로 기초상품(제품)재고액이다. 그리고 아내에게 받은 돈이 당기매입액(제품일 경우 당기제조원가)이고, 동창회에 다녀온 후 주머니에 남은 23,500원이 바로 기말상품(제품)재고액인 것이다.

그런데 현실적으로 대부분의 회사에서는 기말재고조사를 통해 매출원가를 역산하는 방법을 쓰지만, 그렇다고 출고되는 상품을 기재하지 않는 것은 아니다. 이 경우 출고되는 상품을 기재하는 이유는 매출원가를 산출하려는 목적보다 재고손실을 줄이기 위한 통제의 목적이 더 크다. 앞의 예에서 창고의 출고담당자가 출고되는 상품을 일일이 기재했는데 그 합계액이 8억 5천만원이라고 하자. 그렇다면 기말재고로 남아 있어야 할 상품은 2억 5천만원이어야 하는데 2억원어치밖에 없으니 결국 5천만원의 상품이 모자란다는 결론이다. 그 원인으로는 여러 가지가 있을 것이다. 분실, 도난, 감모, 출고담당자의 기재오류 등

등…. 따라서 이 회사에서는 재고조사 후에 그 원인을 규명하는 작업을 시작할 것이고, 이는 다음 해에 재고손실을 줄이는 효과를 가져오는 것이다.

적정한 재고관리로 손실을 줄인다

지나친 재고는 미련함의 상징이다

적정재고량, 즉 비용도 줄이면서 재고가 딸리지도 않는 안전재고량을 구하는 방법은 공인회계사 2차시험에 나올 정도로 까다롭다. 따라서 그 방법을 여기서 자세히 설명한다는 것은 무리다. 여기서는 과거의 경험에 비추어 정하되 안전재고량에 근접하는 방법을 알아보겠다.

필자가 아는 어느 경영자는 여유자금이 생기면 원재료를 사둔다. 그래서 창고에 원재료가 가득 차고도 넘쳐서 창고 밖에까지 쌓아놓는다. 왜 그렇게 원재료를 많이 쌓아두냐고 묻자 그 경영자는 창고가 비어 있으면 왠지 불안하기 때문이라고 했다. 창고에 원재료가 가득 차야 안심하고 일에 전념할 수 있다는 것이다. 곳간에 쌀이 가득 차야 큰소리 칠 수 있었던 농경시대의 발상이 아닐 수 없다.

지나친 재고는 여러 가지로 손해를 입힌다. 우선 재고관리 비용이 많이 든다. 재고가 많을수록 재고담당자가 더 많이 필요할 테니 인건비가 많이 들 것이고 더 넓은 창고가 필요하니 창고유지에 관련된 비용도 더 많이 들 것이다. 게다가 필요 없이 돈이 잠기게 되어 손해를 본다. 예를 들어 1억원어치의 재고만 있으면 충분한데 2억원어치의 재고를 갖고 있다고 하자. 필요 없이 잠겨 있는 1억원을 금융기관에 예치한다면 적어도 월 100만원의 이자수익을 올릴 수 있는데 이를 포기한 것이니 보이지 않는 손해가 발생한 것이다. 결국 자본주의 사회에서 지나친 재고는 부의 상징이 아니라 미련함의 상징이다.

재고자산회전율로 적정재고량을 추적하라

재고자산을 얼마나 효율적으로 관리하는지, 즉 우리 회사가 얼마나 적정한 재고량을 확보하며 재고관리를 잘하고 있는지를 나타내는 지표로 재고자산회전율을 사용한다. 재고자산회전율은 매출액을 평균재고자산금액으로 나눈 후 100을 곱한 것인데 쉽게 말하자면 재고자산이 현금으로 변화되는 속도가 얼마나 되는지를 확인하는 수치이다. 이 지표가 높을수록 적은 재고량으로 많은 매출을 올리고 있음을 뜻한다. 즉, 재고자산회전율이 높을수록 재고관리가 효율적으로 이루어지고 있다는 것이다. 이 경우 경험에 의해 정해진 적정재고량이 복잡한 계산에 의해 안전재고량에 근접해가는 것이다.

그러나 여기서 주의해야 할 점이 있다. 평균재고자산금액이 적을수록 재고자산회전율이 높아지지만 지나치게 재고자산이 적다면 재고고갈로 인해 주문을 받지 못해서 손해를 볼 수도 있다는 것이다. 따라서 안전재고량을 항상 확보해야 하고 언제 주문을 할 것인가에 대한 개념이 명확히 서 있어야 한다. 예를 들어 갑상사는 A상품의 하루 평균 매출이 100개다. 그리고 A상품을 주문하게 되면 주문한 날부터 도착하는 날까지 평균 10일이 걸린다. 이 경우 A상품의 재고가 몇 개 정도 남아 있을 때 주문을 해야 할까? 100개 × 10일 = 1,000개가 남아 있을 때 주문해야 한다고 볼 수 있을 것이다. 그러나 이것만으로는 부족하다. 하루 평균 매출이 100개지만 어느 날 갑자기 주문이 많이 들어올 수도 있다. 또한 주문일부터 도착일까지 평균 10일이 걸리지만 급박한 상황으로 인해 며칠 늦어질 수도 있을 것이다. 이렇기 때문에 안전재고량을 항상 확보해야 한다. 따라서 갑상사 A상품의 안전재고량이 500개라고 하면 1,500개가 남아 있을 때 주문을 해야 한다.

전에 기업 컨설턴트 한테 '창고에 가보면 그 회사의 미래를 알 수 있다'는 말을 들은 적이 있다. 재고관리는 가장 힘들고 어려운 일 중의 하나이다. 창고는 재고관리가 이루어지는 곳이며 대부분 가장 구석진 곳에 위치해 있다. 그러한 창고가 깔끔하게 관리된다면 다른 일은 보나마나 제대로 이루어지고 있다는 것이다. 여러분 회사의 미래를 알고 싶다면 지금 창고로 가보기 바란다.

적절한 인건비 책정방식

우리 회사의 인건비는 높은 편인가, 낮은 편인가? 이처럼 답을 내리기 곤란한 질문도 없다. 이런 질문은 상대평가를 통해 결론을 내리는 경우가 대부분인데 평가기준은 다음의 세 가지로 나뉜다.

첫째, 같은 업종의 다른 업체에 비해 높은 편인가? 사원의 입장에서는 급여수준이 높은 업체와 비교하여 자기 회사의 급여수준이 낮다고 불만을 갖기 쉽다. 이에 대해 경영자는 그 회사는 직원들이 열심히 일해서 이익을 많이 내니까 월급을 많이 받는 거라고 반박을 한다. 반대의 경우도 있다. 경영자는 급여수준이 낮은 업체와 비교하여 자기 회사의 급여수준이 높다고 자랑한다. 그러면 고용인은 자신들이 누구 못지않게 열심히 일해서 이익을 많이 냈으니까 받을 자격이 있다고 반박을 한다.

둘째, 우리 회사의 다른 사람에 비하여 자신의 임금은 높은 편인가? 사원의 입장에서는 자기보다 급여수준이 높은 동료와 비교하여 급여가 낮다고 불만을 갖는다. 이에 대해서도 경영자는 할 말이 많다. 학벌, 나이, 근속연수, 결혼 여부, 성별, 능력 등의 차이로 임금이 다를 수밖에 없다고. 그러나 학벌이 낮은 사람은 꿩 잡는 게 매라고 일만 잘하면 됐지 학벌이 대수냐고 하고, 나이가 적은 사람은 나이대로 월급을 주면 수위 아저씨가 사장님보다 더 많이 받아야 하는 것 아니냐고 따지고, 여성근로자는 남녀차별을 한다고 항의할 것이다.

셋째, 작년의 급여가 얼마였으니 물가상승률을 고려하여 이만큼은 올려야 하는 것 아닌가? 사원의 입장에서는 물가상승률만큼 급여야 오르지 않으면 실질소득이 줄어드니 당연히 물가상승률만큼 급여가 오르기를 기대한다. 그러나 경영자의 입장에서는 회사가 적자가 나는데도 무작정 물가상승률 이상으로 급여를 올려줄 수는 없을 것이다.

결국 위의 세 가지 어느 것도 인건비를 책정하는 정확한 기준
이 되지 못하는 것이다.

일한 만큼 인건비를 책정한다

여기서 우리는 노동생산성의 개념
에 눈을 돌릴 필요가 있다. 노동생산성의 개념에도 여러 가지가
있지만, 여기서는 사원 1인당 부가가치를 의미하는 부가가치 노
동생산성지수로서 사용하고자 한다. 즉, 사원 한 사람이 기억이
새로이 창출시킨 부가가치에 얼마나 기여했는가를 적정한 인건
비 책정의 기준으로 삼고자 하는 것이다. 이를 전문용어로는 노
동생산성지수라고 하는데 부가가치를 사원수로 나누어 사원당
얼마만큼의 부가가치를 산출했는지를 가시화하는 작업이다. 여
기서 부가가치란 회사가 새롭게 만들어낸 가치를 말한다.

예를 들어 회사가 100원짜리 원재료를 구입하여 가공한 결과
200원에 판매되는 제품을 만들었다면 회사가 만들어낸 부가가
치는 200원에서 100원을 뺀 차액 100원이 되는 것이다. 결국 회
사가 제품을 판매해서 벌어들인 돈과 외부에서 물건이나 용역

을 구입하는 데 지출된 돈의 차액이 회사가 생산해 낸 부가가치인 것이다.

외부에서 물건이나 용역을 구입하는 데 지출된 돈에는 재료, 또는 상품구입비, 외주가공비, 전력비, 수도광열비, 통신비 등이 포함된다. 사실 부가가치를 어떻게 계산하는가에는 약간의 의견차이가 있으나 여기서는 한국은행에서 통계를 내는 데 사용하는 공식을 소개하겠다.

부가가치 = 경상이익 + 인건비 + 순금융비용 + 임차료 + 세금과공과 + 감가상각비

주의할 점은 노동생산성 지수의 절대액이 인건비산정의 직접적인 기준이 되는 것은 아니라는 점이다. 예를 들어 1인당 노동생산성 지수가 5,000만원으로 산정되었다고 해서 5,000만원의 50%인 2,500만원을 인건비로 산정해야 한다는 식의 결론을 내릴 수는 없다는 것이다. 오히려 업종간, 기업간, 부서간, 개인간, 그리고 각 연도의 노동생산성을 비교해서 인건비의 차이율과 증감률의 적정성을 인건비 산정의 기준으로 삼는 것이 현명하다.

예를 들면 A기업의 1인당 노동생산성이 5,000만원이고 B기업

의 1인당 노동생산성이 4,000만원이라면 B기업의 급여수준이 A기업보다 20% 정도 낮은 것에 합리적인 근거가 있다고 판단할 수 있는 것이다. 또한 작년의 1인당 노동생산성이 5,000만원이었는데 올해 1인당 노동생산성이 5,500만원이라면 노동생산성이 10% 증가한 것이 되므로 올해의 임금인상률은 10%를 넘지 않아야 된다고 주장할 수 있는 것이다.

한편 노동생산성을 구하는 식을 다음과 같이 변형할 수도 있다.

1인당 노동생산성 = 부가가치 ÷ 사원수

= (기계설비 및 비품 ÷ 사원수) × (부가가치 ÷ 기계설비 및 비품)

위의 식에서 기계설비 및 비품을 사원수로 나눈 것을 '기계장치율'이라 하고, 부가가치를 기계설치 및 비품으로 나눈 식을 '기계투자효율'이라고 한다.

여기서 기계장치율이 높을수록 노동생산성이 높아짐을 알 수 있다. 즉, 사원의 숙련도와 노동강도가 같다면 기계장치에 대한 투자액이 높을수록 노동생산성은 높아진다.

따라서 같은 업종이라도 기계장치에 대한 투자액이 높은 대기업의 노동생산성이 중소기업의 노동생산성보다 높고, 그 결과 대기업 사원의 급여가 중소기업 사원의 급여보다 높은 것이다. 그러므로 경영자가 기계설비에 대한 투자액을 늘릴수록 노동생산성이 늘어나므로 사원의 급여 역시 여유 있게 올려줄 수 있음을 알 수가 있다.

초 판 1쇄 인쇄 | 2007년 10월 25일
초 판 1쇄 발행 | 2007년 10월 30일

지은이 | 윤종훈
펴낸이 | 최용범
펴낸곳 | 페이퍼로드

기 획 | 송병규
편 집 | 허슬기
마케팅 | 김경훈, 정세영

주 소 | 서울시 마포구 연남동 563-10번지 2층
전 화 | 326-0328, 6387-2341
팩 스 | 335-0334
이메일 | paperroad@hanmir.com
출판등록 | 2002년 8월 7일(제 10-2427호)

ISBN 978-89-92920-10-0 03320